CONTOS DE NINAR PARA GESTORES

OUTROS LIVROS DE Henry Mintzberg

Management: Não É o Que Você Pensa
Managing: Desvendando o Dia a Dia da Gestão
Tracking Strategies
The Flying Circus
Strategy Bites Back
MBA? Não Obrigado
O Processo da Estratégia
Managing Publicly
Safári de Estratégia
The Canadian Condition
Ascensão e Queda do Planejamento Estratégico
Mintzberg on Management
Criando Organizações Eficazes: Estruturas em Cinco Configurações
Power In and Around Organizations
Estrutura e Dinâmica das Organizações
The Nature of Managerial Work

Esqueça a Liderança Arrogante...
Abrace a Gestão Engajada

CONTOS DE NINAR PARA GESTORES

Leia sobre gerir com a alma, organizar-se como uma vaca, cultivar estratégias como ervas daninhas, ser um ouvinte-chave... e mais

Henry Mintzberg

ALTA BOOKS
EDITORA
Rio de Janeiro, 2021

Contos de Ninar para Gestores
Copyright © 2021 da Starlin Alta Editora e Consultoria Eireli. ISBN: 978-85-508-1394-3

Translated from original Bedtime Stories for Manages. Copyright © 2019 by Henry Mintzberg. ISBN 9781523098781. This translation is published and sold by permission of Berrett-Koehler Publishers, Inc the owner of all rights to publish and sell the same. PORTUGUESE language edition published by Starlin Alta Editora e Consultoria Eireli, Copyright © 2021 by Starlin Alta Editora e Consultoria Eireli.

Todos os direitos estão reservados e protegidos por Lei. Nenhuma parte deste livro, sem autorização prévia por escrito da editora, poderá ser reproduzida ou transmitida. A violação dos Direitos Autorais é crime estabelecido na Lei nº 9.610/98 e com punição de acordo com o artigo 184 do Código Penal.

A editora não se responsabiliza pelo conteúdo da obra, formulada exclusivamente pelo(s) autor(es).

Marcas Registradas: Todos os termos mencionados e reconhecidos como Marca Registrada e/ou Comercial são de responsabilidade de seus proprietários. A editora informa não estar associada a nenhum produto e/ou fornecedor apresentado no livro.

Impresso no Brasil — 1ª Edição, 2021 — Edição revisada conforme o Acordo Ortográfico da Língua Portuguesa de 2009.

Produção Editorial Editora Alta Books **Gerência Editorial** Anderson Vieira **Gerência Comercial** Daniele Fonseca	**Produtor Editorial** Illysabelle Trajano Thiê Alves **Assistente Editorial** Thales Silva	**Coordenação de Eventos** Viviane Paiva eventos@altabooks.com.br **Assistente Comercial** Felipe Amorim vendas.corporativas@altabooks.com.br	**Marketing Editorial** Lívia Carvalho Gabriela Carvalho marketing@altabooks.com.br **Editor de Aquisição** José Rugeri j.rugeri@altabooks.com.br
Equipe Editorial Ian Verçosa Luana Goulart Maria de Lourdes Borges Raquel Porto	**Equipe Design** Larissa Lima Marcelli Ferreira Paulo Gomes	**Equipe Comercial** Daiana Costa Daniel Leal Kaique Luiz Tairone Oliveira Thiago Brito	
Tradução Luciana Ferraz **Copidesque** Edite Siegert	**Revisão Gramatical** Gabriela Araujo Fernanda Lutfi	**Diagramação** Luisa Maria Gomes	**Capa** Paulo Gomes

Publique seu livro com a Alta Books. Para mais informações envie um e-mail para autoria@altabooks.com.br

Obra disponível para venda corporativa e/ou personalizada. Para mais informações, fale com projetos@altabooks.com.br

Erratas e arquivos de apoio: No site da editora relatamos, com a devida correção, qualquer erro encontrado em nossos livros, bem como disponibilizamos arquivos de apoio se aplicáveis à obra em questão.

Acesse o site **www.altabooks.com.br** e procure pelo título do livro desejado para ter acesso às erratas, aos arquivos de apoio e/ou a outros conteúdos aplicáveis à obra.

Suporte Técnico: A obra é comercializada na forma em que está, sem direito a suporte técnico ou orientação pessoal/exclusiva ao leitor.

A editora não se responsabiliza pela manutenção, atualização e idioma dos sites referidos pelos autores nesta obra.

Ouvidoria: ouvidoria@altabooks.com.br

Dados Internacionais de Catalogação na Publicação (CIP) de acordo com ISBD

M667c Mintzberg, Henry
   Contos de Ninar para Gestores: leia sobre gerir com a alma, organizar-se como uma vaca, cultivar estratégias como ervas daninhas, ser um ouvinte-chave... e mais / Henry Mintzberg ; traduzido por Luciana Ferraz. - Rio de Janeiro : Alta Books, 2021.
   192 p. ; 16cm x 23cm.

   Tradução de: Bedtime Stories For Managers
   Inclui índice.
   ISBN: 978-85-508-1394-3

   1. Administração. 2. Gestores. I. Ferraz, Luciana. II. Título.

2021-1059   CDD 658.401
                  CDU 658.011.2

Elaborado por Vagner Rodolfo da Silva - CRB-8/9410

Rua Viúva Cláudio, 291 — Bairro Industrial do Jacaré
CEP: 20.970-031 — Rio de Janeiro (RJ)
Tels.: (21) 3278-8069 / 3278-8419
www.altabooks.com.br — altabooks@altabooks.com.br
www.facebook.com/altabooks — www.instagram.com/altabooks

SUMÁRIO

Boa Noite...   1
Sobre este Contador de Histórias / As Fadas dos Dentes

UM   **Histórias sobre Gestão**   7
Administrando Ovos Mexidos / O Mito do Maestro da Gestão
Gerindo para Liderar / Escolhendo o Gestor Falho
A Epidemia da Gestão Sem Alma
Gerenciando na Era da Internet
Tomada de Decisão: Não É o Que Você Pensa
Cultivando Estratégias Como Ervas Daninhas em um Jardim

DOIS   **Histórias sobre Organização**   37
Organizando-se Como uma Vaca / Comuniderança Além da
Liderança / Redes de Contatos Não São Comunidades
Transformação Vinda do Topo? Ou Engajamento na Base?
Espécies de Organizações / Por Que Dizemos "Alta Gerência"
Mas Nunca "Baixa Gerência"? / Chega de Silos? Que tal Lajes?
Gestão Gerenciável e Não Gerenciável
O Conselho como Abelha

TRÊS   **Histórias sobre Análise**   73
Analista: Analisa a Ti Mesmo
Sois Deuses: Uma Orquestra Eficaz!
O Que Poderia Haver de Errado com a "Eficiência"?
Muita Coisa. / O Ponto Fraco dos "Dados Concretos"
A Difícil Tarefa de Mensurar a Gestão
Evidência e Experiência em Gestão, Medicina e Mais
Como a Felicidade Nacional Tornou-se Bruta

QUATRO Histórias sobre Desenvolvimento 97
A Vez de Jack / MBAs como CEOs: Algumas Evidências Preocupantes / Envolva os Gestores Além da Administração ("egaa") / Não Fique Apenas Sentado Ali...

CINCO Histórias em Contexto 119
Gerindo Empresas Familiares / Global? Que tal Mundano? Quem Seria Capaz de Gerir um Hospital?
Gerindo o Governo, Governando a Gestão

SEIS Histórias sobre Responsabilidade 137
A Carta de um CEO ao Conselho — Urgente
"Downsizing", a Sangria do Século XXI
Produtividade Produtiva e Destrutiva
O Escândalo que é uma Síndrome
Por favor, Saúde a RSC 2.0

SETE Histórias para Amanhã 155
O Poder Extraordinário da Criatividade Ordinária
Atendimento ao Cliente ou Servir ao Cliente?
Chega de MAIS: Melhor É Melhor
Seja Bom: O Melhor é um Padrão Muito Baixo
Acorde e Levante!

Notas 175
Índice 183

Boa Noite...

Offline? Excelente. Bem-vindo a *Contos de Ninar para Gestores*, um livro divertido com uma mensagem séria: a diretoria tem que passar da liderança arrogante para um engajamento realista. Como? Organizando-se como uma vaca, e não como um diagrama das partes de uma vaca... de modo que as estratégias possam brotar como ervas daninhas em um jardim... já que ideias extraordinárias vêm de pessoas ordinárias... que são especialmente globais em vez de serem globalmente comuns.

A primeira história dá o tom, contando sobre como o CEO de uma companhia aérea falida voava de primeira classe enquanto seus clientes da econômica tinham que comer ovos mexidos. Em um mundo remexido como o nosso, os gestores é que devem comer esses ovos.

Há alguns anos iniciei um blog (mintzberg.org/blog, conteúdo em inglês) para registrar uma vida de ideias perdidas em publicações obscuras. Então me deparei com um livro de histórias para fãs do time de hóquei de Montreal, uma introdução completa. Uma ótima leitura para a hora de dormir! — uma ou duas historinhas antes de adormecer. Por que não um livro de contos para gestores? Não existe hora melhor que essa, ou seja, a hora de dormir, depois que a gestão acaba — se é que acaba.

Pense nas organizações que conhece e mais admira:

- Elas funcionam como acervos de Recursos Humanos ou como comunidades de seres humanos?

- Será que elas sempre *pensam* primeiro, ou às vezes elas *veem* primeiro ou *fazem* primeiro para pensar melhor?

- Elas avaliam tudo ou servem de coração?

- Elas precisam *ser* as melhores, ou elas *dão* seu melhor?

Se você escolheu o primeiro conjunto de perguntas, leia este livro para descobrir o segundo. Se optou pelo segundo conjunto de perguntas, leia este livro para lidar com quem optou pelo primeiro.

De mais de 101 posts no blog, escolhi 42 que parecem falar de forma mais significativa aos gestores. Disseram que livros precisam ter capítulos, então os organizei sob títulos como *gerindo, organizando, analisando,* e assim por diante. Disseram também que os capítulos precisam de introduções que digam o que o escritor está prestes a contar. Aqui eu coloquei um limite: sem introduções. Prefiro que você descubra essas histórias sozinho, na ordem que preferir. Só peço que comece a leitura pela primeira história e que deixe a última para o fim, mas fora isso fique à vontade para percorrer este livro aleatoriamente — como os bons gestores fazem de vez em quando.

Conforme virar as páginas, gostaria que imaginasse o que vem em seguida. Vou lhe dar um dica: uma mistura de metáforas. Além de vacas e jardins, fazer tudo igual e fazer ovos mexidos, prepare-se para o mito do maestro da gestão, o ponto fraco dos dados concretos, o conselho como abelha e downsizing como uma sangria. Tente apenas não se ofender com nada que ler, pois algumas de minhas ideias mais ofensivas acabam sendo as melhores. Elas só demoram um pouco para ficarem óbvias.

Este pode ser um livro sobre gestão, mas não espere nenhuma mágica. Deixo estas coisas para os livros que elaboram o problema. Em vez disso, espere por insights inesperados com os quais sonhar para que possa acordar radiante e, depois de comer ovos devidamente mexidos, sair confiante a fim de reorganizar as bagunças da gestão. Você, seus colegas, e até mesmo sua família, podem viver mais felizes para sempre.

Bons sonhos!

SOBRE ESTE CONTADOR DE HISTÓRIAS

Leciono gestão e outras coisas na McGill University em Montreal (na Cadeira Cleghorn da Desautels Faculty), onde ajudo gestores a se desenvolverem nos negócios (impm.org, conteúdo em inglês), nos cuidados com a saúde (imhl.org, conteúdo em inglês), e internamente (CoachingOurselves.com, conteúdo em inglês). Fora isso, fujo do mundo das organizações deslizando em um skate, montado em uma bicicleta, escalando montanhas e remando em minha amada canoa.

Acho que devia lhe contar que tenho 20 títulos honorários e sou Oficial da Ordem do Canadá. (Encontre outros detalhes estranhos em mintzberg.org, incluindo /beaver para ver minha coleção de arte, /books para ver meus livros, inclusive uma coleção de histórias de terror sobre o livro *The Flying Circus*, e /blog para novas histórias como as deste livro [em inglês]). Posso adicionar que este é meu vigésimo livro — talvez o mais sério — e o sexto com a Berrett-Koehler. O centro de minhas atenções agora, espero que não seja tarde demais, é acordar o mundo para as implicações de um destes livros, chamado *Renovação Radical*.

Em minha amada canoa, com uma das minhas filhas amadas.

AS FADAS DOS DENTES

Era uma vez, na distante terra de Berrett-Koehler, Katie me incentivou a fazer um blog, então acabei fazendo. Mais tarde, Jeevan me incentivou a reunir minhas ideias, e assim saiu este livro. Katie, ao resgate novamente, sugeriu junto a Kristen que o chamássemos de *Contos de Ninar para Gestores* (em vez de *Ovos Mexidos da Gestão*), então também fizemos isso, alegremente. Steve, gestor engajado da BK, entusiasticamente envolvido neste livro, como outros da equipe da BK, inclusive Lasell, Michael, David, Neil, Johanna, Maria Jesus, Catherine e Chloe, tirando aqueles que contribuíram além da BK: o outro David, Ken, Jan e Elizabeth.

Em casa, Lisa espalhou mágica pelas histórias com suas lindas fotografias. Dulcie fez sua própria mágica, melhorando muitos blogs e Susie fez o mesmo ao editar o manuscrito. Mary coordenou todo o processo no fim, transformando todos os pesadelos em doces sonhos, como Santa, a assistente perfeita, tem feito em minha vida profissional há 20 anos.

Agradeço a cada uma de vocês — fadas dos dentes — por todas as pedras preciosas que têm colocado sob meu travesseiro há meses.

Dedico este livro a todos os gestores que comem os ovos mexidos para ajudar sua empresa a funcionar como uma vaca.

UM

Histórias sobre Gestão

**Coisas grandes e coisas pequenas são meu trabalho.
Procedimentos de nível médio podem ser delegados.**
— Kōnosuke Matsushita, fundador da Panasonic

Administrando Ovos Mexidos

Uma manhã, há alguns anos, voei de Montreal para Nova York pela Eastern Airlines. Ela era a maior companhia aérea do mundo na época, mas logo viria a falir.

Naquela época, eles serviam comida, bem, um tipo de comida — uma coisa que chamavam de "ovos mexidos". Eu disse à comissária de bordo: "já comi coisas muito terríveis em aviões, mas esta é a pior."

"Eu sei", respondeu ela. "Sempre dizemos isto a eles, mas eles não ouvem."

Como é possível? Se eles estivessem gerenciando um cemitério seria possível compreender as dificuldades de comunicação com os clientes. Mas uma companhia aérea? Sempre que me deparo com um serviço péssimo ou um produto mal projetado me pergunto se a diretoria está gerindo o negócio ou apenas lendo os relatórios financeiros.[1]

Os analistas financeiros certamente estavam lendo aqueles relatórios — e provavelmente explicando os problemas da companhia em termos de coeficientes de ocupação e coisas do tipo. Não acredite em nada disto. A Eastern Airlines faliu por causa daqueles ovos mexidos.

Alguns anos depois, ao contar esta história para um grupo de gestores, um deles, da IBM, me contou outra história: o CEO da Eastern Airlines veio correndo no último minuto para um voo. A primeira classe estava lotada, então eles tiraram um cliente pagante para colocar o CEO onde imagino que ele estivesse acostumado a viajar. Aparentemente sentindo-se culpado, ele se dirigiu à classe econômica. (Não foi mencionado que ele precisou perguntar onde ficava.) Ali, ele se desculpou com o cliente e se apresentou como o CEO da companhia aérea. O cliente respondeu: "Bem, eu sou o CEO da IBM."

Mas não entenda mal. O problema não era *quem* tinha sido transferido. Muito pelo contrário. O problema era o status: a classe mais alta queria algo além do que o mero bom senso. Gestão não tem a ver com sentar-se onde se está acostumado. Tem a ver com comer os ovos mexidos.

O Mito do Maestro da Gestão

Imagine o maestro administrativo no palco: um movimento da batuta e o marketing procede à abertura; um aceno com a varinha e as vendas se unem a ele; um movimento amplo dos braços e RH, RP e TI se harmonizam. É o sonho do gestor — é possível até participar de workshops de liderança orquestrados por regentes.[2]

Aqui estão três citações sobre esta metáfora. Conforme as ler, faremos um joguinho. Por favor, escolha qual citação capta melhor seu entendimento sobre gestão. Mas tem uma condição: você precisa votar assim que ler cada citação, antes de ler qualquer uma das outras. Porém há uma compensação: você pode votar até três vezes!

De Peter Drucker, o guru dos gurus:

> Uma analogia [para o gestor] é o regente de uma orquestra sinfônica que, por meio de esforço, visão e liderança, torna as partes instrumentais individuais, que por si só são apenas barulho, em um conjunto vivo da música. Mas o regente tem a partitura do compositor: ele é apenas o intérprete. O gestor é compositor e regente.[3]

Votou pelo gestor como compositor e regente?

De Sune Carlson, uma economista sueca que realizou o primeiro estudo sério sobre o trabalho administrativo dos CEOs de seu país:

> Antes de realizarmos o estudo, eu sempre pensava no CEO como o regente de uma orquestra, distanciado em sua plataforma. Agora sinto-me em alguns aspectos inclinada a vê-lo como a marionete do show de marionetes com centenas de pessoas puxando suas cordas e forçando-o a atuar de um modo ou de outro.[4]

Votou pelo gestor como marionete?

De Leonard Sayles, que estudou gestores intermediários nos EUA:

> O gestor é como o regente de uma orquestra sinfônica, esforçando-se para manter uma apresentação melodiosa... enquanto os membros da orquestra enfrentam dificuldades pessoais, técnicos mudam as partituras de lugar, a alternação entre calor e frio excessivos está danificando os instrumentos e aborrecendo a plateia, e o patrocinador do concerto está insistindo em mudanças irracionais no programa.[5]

Vota pelo gestor em ensaio?

Já usei este jogo com muitos grupos de gestores. Os resultados são sempre os mesmos: algumas mãos se levantam pela primeira e mais algumas pela segunda, mas quando leio a terceira, todas as mãos sobem! Gestores são como regentes de orquestras, mas longe da apresentação, da rotina diária. Cuidado com metáforas que glorificam.

Será que os regentes de orquestra são mesmo gestores, até mesmo líderes? Fora da apresentação certamente são ambos, juntos. Eles selecionam os músicos e a música e, durante os ensaios, os combinam em um todo coerente. Mas assista a um regente em apresentação: é basicamente isso — desempenho. Melhor ainda, observe os músicos durante a apresentação: eles mal olham para o regente — que, aliás, pode ser um regente convidado. Você consegue imaginar um gestor convidado em qualquer outro lugar?[6]

Quem está puxando as cordas: Toscanini ou Tchaikovsky? Na verdade, os músicos o fazem, mas cada um toca as notas escritas pelo compositor para seu instrumento, todos juntos. Então é o compositor que é tanto compositor quanto regente. Mas já que os compositores estão mortos, os regentes é que são aclamados.

Talvez o mundo todo seja, na verdade, um palco, com todos os compositores, regentes, gestores e músicos como meros músicos. Sendo assim, nenhum gestor pertence ao palco da liderança arrogante.

Gerindo para Liderar

O conto de que a liderança se separa da administração, e é superior a ela, é ruim para a administração e pior para a liderança.

O retrato comum pinta os líderes como os que fazem as coisas certas enquanto são os gestores que fazem as coisas certo.[7] Isto pode parecer correto, até que se tente fazer as coisas certas sem fazê-las da forma correta.

John Cleghorn, como CEO do Royal Bank of Canada, ficou conhecido na empresa por ligar para o escritório a caminho do aeroporto para avisar sobre um caixa eletrônico quebrado. Este banco tinha milhares dessas máquinas. Ele estava fazendo microgestão? Não, estava liderando pelo exemplo. Uma das melhores lideranças é a gestão bem praticada.

Você já foi gerido por alguém que não liderava? Deve ter sido terrivelmente desanimador. Bem, e ser liderado por alguém que não administra? Pode ser que essa pessoa estivesse apenas desconectada: como ela poderia saber o que estava acontecendo? Como disse Jim March, da Stanford Business School: "Um líder deve ser um encanador e um poeta [ou seja, usar uma abordagem que garanta o funcionamento da empresa como um todo, dando ênfase a aspectos técnicos e humanos e, ao mesmo tempo, saiba apreciar a vida com seus atrativos e decepções]."[8]

Então vamos superar a liderança dissociada da administração e reconhecer que elas são dois lados do mesmo trabalho. Já não estamos fartos da liderança por controle remoto, desconectada de tudo, exceto do "quadro geral"? Na verdade, o quadro geral tem que ser pintado com as pequenas pinceladas da experiência fundamentada.

Você já deve ter ouvido que somos supergerenciados e subliderados. Hoje é o oposto: temos muita liderança arrogante e pouca gestão engajada. Temos aqui uma comparação de ambas. Escolha a sua.

Dois Jeitos de Administrar

Liderança Arrogante	Gestão Engajada
1. Os líderes são pessoas importantes, muito distantes daqueles que desenvolvem produtos e prestam serviços.	1. Os gestores são importantes até o ponto em que ajudam outras pessoas a serem importantes.
2. Quando mais "alto" estes líderes chegam, mais importantes se tornam. No "topo", o CEO é a organização.	2. Uma organização eficaz é uma rede interativa, e não uma hierarquia vertical. Gestores eficazes atuam em tudo; eles não ficam em um topo.
3. A estratégia é hierarquicamente imposta — clara, deliberada e arrojada — a partir do chefe, que toma as decisões importantes. Todos os outros "implementam".	3. As estratégias emergem da rede, e as pessoas envolvidas resolvem pequenos problemas dos quais podem surgir grandes estratégias.
4. Liderar é tomar decisões e alocar recursos — inclusive os Recursos Humanos. Liderança significa então calcular, com base em fatos, a partir de relatórios.	4. Gerir é conectar-se naturalmente com seres humanos. Administrar significa então envolver-se com base em critérios fundamentados em contextos.
5. A liderança é imposta por aqueles que impõem sua vontade aos outros.	5. A liderança é um dever sagrado conquistado pelo respeito alheio.

Escolhendo o Gestor Falho

O que torna um gestor/líder eficaz?[9] A resposta o espera nas mais variadas listinhas. Por exemplo, um livreto do MBA Executivo da Universidade de Toronto listou:

- A coragem para desafiar o status quo;

- Evoluir em um ambiente desafiador;

- Colaborar pelo bem maior;

- Definir um destino claro em um mundo em transformação;

- Ser destemidamente determinado.

O problema com estas listinhas é que nunca são completas. Por exemplo, onde estão nesta lista a inteligência básica ou ser um bom ouvinte? Não tema — estas qualidades aparecem em outras listas. Então fiz uma lista abrangente a partir de todas as listinhas que encontrei, incluindo algumas das minhas qualidade favoritas. Como você poderá ver na tabela ao final da história, ela contém 52 qualidades. Tenha todas as 52 e você estará pronto para ser um gestor incrivelmente eficaz — ainda que não seja humano.

O Gestor Inevitavelmente Falho

Tudo isto faz parte de nosso romance com a liderança que coloca reles mortais em pedestais ("Rudolph é a pessoa perfeita para o trabalho: ele vai nos salvar!"), e então nos permite difamá-los quando escorregam ("Como Rudolph pôde falhar conosco dessa forma?"). Ainda assim alguns gestores conseguem ficar em pé, ainda que não seja naquele pedestal precário. Como?

A resposta é simples: gestores bem-sucedidos são falhos — todos são falhos — mas suas falhas específicas não são fatais nessas circunstâncias. Seres humanos sensatos encontram meios de viver com as falhas aceitáveis uns dos outros.

Falhas costumam ser listas utópicas de qualidades gerenciais, pois podem estar terrivelmente erradas. Alguém discorda que os gestores precisam ser "destemidamente determinados"? Para começar, aqueles que viram George W. Bush liderar (mas não gerir) a marcha americana ao Iraque. Ele certamente teve a "coragem para desafiar o status quo" (mas não os maus conselhos de seus conselheiros). Ingvar Kamprad administrou a IKEA enquanto ela se tornava a rede de varejo mais bem-sucedida de todas. Foram precisos literalmente 15 anos para "definir um destino claro em um mundo em transformação". Na verdade, ele teve sucesso porque o mundo dos móveis não estava em transformação; a IKEA o transformou.

Escolhendo o Mal que É Melhor Conhecer

Se as falhas de todos acabam sendo reveladas cedo ou tarde, então quanto mais cedo melhor, especialmente para os gestores. Na verdade, os gestores deveriam ser escolhidos tanto por suas falhas quanto por suas qualidades. Infelizmente, tendemos a nos concentrar nas qualidades, geralmente apenas uma: "Sally é ótima em fazer contatos" ou "Rudolph é um visionário", especialmente se o antecessor fracassado era péssimo com contatos ou desprovido de visão estratégica.

Na verdade, existem apenas duas formas de conhecer as falhas de uma pessoa: casar-se com ela ou trabalhar para ela. Mas quantas pessoas que selecionam gestores — membros do conselho para CEOs, gerentes *superiores* para seus *subordinados* (que termos horríveis) — já trabalharam para os candidatos, que dirá ter sido casados com eles? Por causa disso, boa parte de suas escolhas acaba sendo por pessoas "puxadoras de saco e de tapete": que têm lábia e são confiantes, ótimas em impressionar seus "superiores", mas péssimas em administrar seus "subordinados."

As pessoas que escolhem os gestores precisam conversar com pessoas que conhecem melhor os candidatos. Porém, não podem de fato conversar com os cônjuges dos candidatos, pois os atuais serão parciais e os ex serão ainda mais parciais. Mas elas podem colher opiniões das pessoas que foram geridas por estes candidatos.

Não sou do tipo que tem receitas prontas sobre gestão, mas se uma recomendação puder melhorar muito a prática da administração, aqui vai: no processo de seleção, dê voz às pessoas que foram geridas pelos candidatos. Por favor, durma pensando neste conto de ninar.

Lista Geral de Qualidades Básicas
para um Sucesso Gerencial Garantido

Compilada a partir de diversas fontes; minhas favoritas estão em *itálico*.

- corajoso
- *comprometido*
- curioso
- confiante
- *honesto*

- *reflexivo*
- *perspicaz*
- mente aberta/tolerante (com pessoas, ambiguidades e ideias)
- inovador
- **comunicativo** (inclui ser bom ouvinte)
- *conectado*/informado
- perceptivo

- *atencioso*/inteligente/sábio
- analítico/objetivo
- pragmático
- **decisivo** (orientado para a ação)

- proativo/carismático
- apaixonado
- *inspirador*
- visionário

- enérgico/entusiasta
- positivo/otimista
- ambicioso
- firme/persistente/zeloso

- colaborativo/participativo/cooperativo
- *engajado*
- apoiador/simpático/empático

- estável
- confiável
- justo
- responsável
- ético/honesto

- consistente
- flexível
- equilibrado
- integrador

- alto*

---

*Este item não apareceu em nenhuma lista que vi, mas tem uma base bastante diferente. Em um livro de 1920 chamado *The Executive and His Control of Men: A Study in Personal Efficiency*, [*O Executivo e Seu Controle Sobre os Homens: Um Estudo Sobre Eficiência Pessoal*, em tradução livre] Enoch Burton Gowin perguntou se poderia haver "alguma conexão entre o físico de um executivo, medido por altura e peso, e a importância da posição que ocupa" (páginas 22 e 31). Sua resposta foi sim. Bispos, por exemplo, tinham altura média maior do que padres de cidades pequenas; superintendentes de sistemas escolares eram mais altos do que diretores de escolas. Seus dados sobre executivos de ferrovias, governadores e outros corroboram essas descobertas. Mas Gowin não estudou Napoleão — ou mulheres.

A Epidemia da Gestão sem Alma

Minha filha Lisa me deixou um bilhete em uma bolsa onde estava escrito: "Almas precisam de conserto." Mal sabia ela.

Uma Fábula Sobre Duas Gerentes de Enfermagem

Quando pedi que os participantes de nosso programa International Masters for Health Leadership (IMHL) contassem histórias sobre suas experiências, um obstetra contou sobre quando, como residente, ele dividia seu tempo entre diversos hospitais. Ele e seus colegas "amavam trabalhar" em um deles. Era um lugar "feliz", graças a uma enfermeira-chefe que se importava. Ela era compreensiva, respeitosa com todos e se empenhava em promover a colaboração entre os médicos e as enfermeiras. O lugar tinha alma.

Então ela se aposentou e foi substituída por uma enfermeira que tinha MBA. Sem "qualquer conversa... ela começou a questionar tudo". Ela era rigorosa com as enfermeiras, às vezes chegava mais cedo para ver quem estava atrasada. Onde costumava haver conversas e risos no início dos turnos, "se tornou comum para nós ver alguma enfermeira chorando" por causa de algum comentário da nova gestora.

Os ânimos desabaram e logo aquilo se espalhou entre os médicos: "Demorou de dois a três meses para aquela família incrível ser destruída... Costumávamos competir para ir àquele hospital; [depois,] não queríamos mais ir lá." Ainda assim "a autoridade maior não interveio e talvez sequer tivesse ciência" do que estava acontecendo.

Quantas vezes você ouviu ou viveu uma história assim? (Em uma semana eu ouvi quatro.) E não são poucas que envolvem CEOs. Gerenciar sem alma se tornou uma epidemia na sociedade. O pior disso é intimidar as pessoas de forma maldosa jogando umas contra as outras.

Um Hotel com Alma

Algum tempo depois, eu estava na Inglaterra para uma reunião em um daqueles hotéis corporativos — sem espírito, sem alma, com alta rotatividade de funcionários, o de sempre. Então Lisa e eu fomos ao Lake District para ver um hotel para um de nossos programas.

Entrei e me apaixonei pelo lugar. Lindamente montado, perfeitamente cuidado e com uma equipe realmente atenciosa — este hotel estava cheio de alma. Tenho estudado empresas há tanto tempo que costumo ser capaz de sentir a alma, ou sua falta, em um instante. Sinto a energia ou a letargia do lugar; o sorriso genuíno em vez do sorriso amarelo de um "recepcionista"; uma preocupação verdadeira em vez de "Atendimento ao Cliente".

"O que significa ter alma?" Perguntou Lisa.

"Você saberá quando vir", respondi, "em cada cantinho". Perguntei a um garçom sobre trilhas. Ele não as conhecia, então chamou o gerente do hotel, que explicou todas detalhadamente. Conversei com uma jovem na recepção. "As almofadas da cama são muito bonitas", disse.

"Sim", respondeu ela, "a proprietária se preocupa com cada detalhe — ela as escolheu pessoalmente".

"Há quanto tempo trabalha aqui?" perguntei.

"Quatro anos", respondeu ela orgulhosamente e depois falou sobre a permanência da equipe sênior: o gerente, 14 anos, o assistente administrativo, 12 anos, o diretor de vendas, um pouco menos.

Por que todas as organizações não podem ser assim? A maioria das pessoas — funcionários, clientes, gestores — *quer* se importar, se tiverem a oportunidade. Nós, seres humanos, temos almas, então por que nossos hospitais e hotéis não podem ter? Por que construímos grandes instituições apenas para que apodreçam nas mãos de pessoas que jamais deveriam ter a oportunidade de gerenciar nada? As almas precisam mesmo de conserto — da mesma forma que boa parte das gerências.

Cinco Passos Fáceis para Administrar sem Alma

Aqui temos os únicos cinco passos fáceis que você encontrará neste livro. Qualquer um serve.

- Gerencie os resultados, como se ganhasse dinheiro ao administrar dinheiro, em vez de se preocupar com produtos, serviços e clientes;
- Crie um plano para cada ação — sem espontaneidade, por favor, e sem aprender nada;
- Transfira os gestores de modo que nunca conheçam nada além da gestão (de certo modo);
- Admita e demita seus Recursos Humanos da mesma forma como compra e vende outros recursos;
- Faça tudo em cinco passos fáceis.

Que tal fazer tudo com os cinco sentidos em alerta?

Gerenciando na Era da Internet

Fundamentalmente, a gestão não muda. É uma prática artesanal e não uma ciência ou uma profissão baseada em análise. O objeto da gestão pode mudar, mas a prática em si não muda.

Isto significa que as novas tecnologias digitais, especialmente o e-mail, não alteraram a prática fundamental da gestão? Sim, exceto em um aspecto básico: intensificando as características que há muito prevaleceram na prática, eles estão ultrapassando muito os limites.

As Características da Gestão

Como descobri em minha própria pesquisa inicial, gerenciar é um trabalho frenético: acelerado, cheio de pressão, orientado à ação, frequentemente interrompido. Nas palavras de um diretor executivo, gerenciar é "uma loucura após a outra".[10] O trabalho também é muito oral: os gestores falam e ouvem muito mais do que leem e escrevem. E o fazem tanto lateralmente quando hierarquicamente: a maioria dos gestores passa ao menos a mesma quantidade de tempo com pessoas de fora de suas unidades quanto com as de dentro. Tudo isto não é má gestão; é gestão normal.

O Impacto da Internet

Então como as novas tecnologias digitais, especialmente o e-mail, afetam isso?

Maya, gerenciando.

- Uma coisa é certa: a capacidade de se comunicar instantaneamente com pessoas em todo lugar aumenta o ritmo e a pressão da gestão — e provavelmente as interrupções também. Se você recebe um e-mail, é melhor respondê-lo logo. Mas não se engane. Mesmo antes da internet, havia indícios de que os gestores *escolhiam* ser interrompidos. Hoje, mais deles o fazem ao verificar as mensagens a cada *ping!* e respondê-las imediatamente. Um CEO corporativo disse uma vez a um entrevistador: "É impossível fugir. É impossível ir a qualquer lugar para refletir ou pensar." Mentira: você pode ir aonde quiser.

- A conectividade da internet intensificou a orientação dos gestores no sentido da ação: espera-se que tudo seja mais rápido, imediato. É irônico que uma tecnologia literalmente removida da ação — imagine um gestor olhando para uma tela — acentue a orientação dos gestores à ação. Como todos aqueles elétrons na sua frente, a hiperatividade piora. (Se estiver lendo este conto de ninar em uma noite de domingo, verifique seu e-mail, pois seu chefe, ou você, pode ter acabado de marcar uma reunião para segunda-feira de manhã.)

- É óbvio que mais tempo lendo na tela e escrevendo no teclado significa menos tempo falando e ouvindo as pessoas pessoalmente. As horas do dia são limitadas. Quantas você vai destinar a esta leitura e escrita, em vez de estar com a equipe, ou com seus filhos, ou dormindo bem (depois de ler esta história)?

- O e-mail se limita apenas à pobreza das palavras. Não há entonação para escutar, gestos para ver ou presença para sentir. Porém a gestão também depende desse tipo de informação. Ao telefone, as pessoas riem ou bufam; em reuniões, elas acenam em concordância ou distração. Gestores astutos percebem esses sinais.

- É claro que o e-mail facilitou a manutenção do "contato" com uma rede de contatos maior ao redor do mundo. Mas e os colegas do outro lado do corredor? Sentar-se em frente a uma tela o desconecta deles? Um oficial sênior do governo que conheci se gabou de manter contato com sua equipe através de e-mail logo cedo todas as manhãs. Talvez em contato com um teclado, mas com sua equipe?

Essas características aceleradas da gestão são normais dentro de limites. Exceda-os por sua conta e risco. O mal das novas tecnologias pode ser encontrado nos detalhes: quando a correria fica frenética, um gestor pode perder o controle do trabalho e se tornar uma ameaça à organização. A internet, ao dar a ilusão de controle, pode na verdade estar roubando de muitos gestores o controle sobre seu próprio trabalho.

Portanto, esta era digital pode estar levando boa parte da prática gerencial a seu limite, tornando-a muito remota e superficial. Então não deixe as novas tecnologias o gerirem: Não se permita hipnotizar por elas. Entenda tanto seus perigos quanto suas maravilhas para que possa administrá-las. Desligue-as. Bons sonhos!

Vivemos Mesmo em Tempos de Grandes Mudanças?

Quando um CEO senta-se ao laptop para preparar um discurso, a máquina digita automaticamente: "Vivemos em tempos de grandes mudanças." É porque quase todos os discursos ao longo dos últimos 50 anos começaram com esta frase. *Isso* nunca muda.

Vivemos *mesmo* em tempos de grandes mudanças? Olhe em volta e diga-me o que realmente mudou. Sua comida, seus móveis, seus amigos, suas obsessões? Você está usando uma gravata ou saltos altos? Por quê, além de ser porque você sempre usou? E o motor do seu carro? Ele provavelmente tem a tecnologia básica que já existia no Ford Modelo T. Quando você se vestiu essa manhã, disse a si mesmo: *se vivemos em tempos de mudanças tão grandes, como ainda estamos abotoando nossas roupas?* (Os botões que usamos apareceram na Alemanha no século XIII.)

Qual é o recado? Que percebemos apenas o que está mudando, e a maioria das coisas não está. É claro que percebemos a internet. (*Zap*, toco algumas teclas e a Wikipédia me conta sobre a origem dos botões.) Mas tente perceber todas as coisas que não estão mudando, pois gerenciar a mudança sem gerenciar a continuidade é anarquia.

Tomada de Decisão: Não É o Que Você Pensa

... É também o que você vê

Como tomamos decisões? É fácil. Primeiro *diagnosticamos*, depois *planejamos* (soluções possíveis), então *decidimos,* e finalmente *fazemos* (colocamos a escolha em ação). Em outras palavras, pensamos para agir: chamo isto de *pensar primeiro.*

Pense em uma decisão que talvez seja a mais importante da sua vida: encontrar um companheiro. Você pensou primeiro? Usando este modelo, supondo que, como um homem em busca de uma mulher, primeiro você faz uma lista do que procura, digamos, alguém brilhante, bonita e tímida. Então você elenca todas as possíveis candidatas. Depois vem a análise: você pontua cada candidata de acordo com todos os critérios. Por fim, você soma todas as pontuações para descobrir quem ganhou, então informa a felizarda.

No entanto, ela o informa que "enquanto você fazia tudo isso, me casei e agora tenho dois filhos". Pensar primeiro tem suas desvantagens.

Portanto, pode ser que você aja de outra forma, como meu pai, que anunciou à minha avó: "Hoje conheci a mulher com quem me casarei!" Não houve muita análise nesta decisão, lhe garanto, mas funcionou bem — resultou em um casamento longo e feliz.

Isto é conhecido como "amor à primeira vista". Como modelo de tomada de decisão, eu o chamo de *ver primeiro*. Você pode se surpreender com quantas decisões importantes são tomadas dessa forma — por exemplo, decidir contratar alguém dois segundos depois de começar uma entrevista, ou comprar uma empresa porque você gosta da aparência do lugar. Estes podem não ser caprichos; podem ser insights.

Mas vamos com calma: existe outro jeito de tomar decisões, que costuma ser mais sensato. Eu o chamo de *fazer primeiro*. Deixo para a sua imaginação como isso funciona para encontrar um parceiro. É suficiente dizer que, quando você não tem certeza do que fazer — tanto para decisões grandes quanto pequenas —, pode ser preciso *fazer* para pensar, em vez de pensar para fazer. Você tenta fazer algo, de forma limitada, para ver se funciona; se não funcionar, você tenta outra coisa, até encontrar algo que funcione, e então a repete. Comece com pouco para aprender muito.

Obviamente isso também tem suas desvantagens. Como brincou Terry Connolly, um professor interessado em tomada de decisões, "decisões sobre guerras nucleares e gravidez são péssimos contextos para uma estratégia de 'tentar um pouco e ver o que acontece'".[11] Mas existem muitas outras decisões nas quais essa pode ser uma abordagem ótima. Pinte um produto de azul: e de repente você pode começar a vender um arco-íris de cores.

Então, você tem que tomar uma decisão importante? Que bom. Espere um pouco. Amanhã, olhe ao redor! Faça alguma coisa! Você pode se pegar pensando de forma diferente.[12]

Cultivando Estratégias Como Ervas Daninhas em um Jardim

Precisando de uma estratégia? Veja como, estilizado a partir de quase todos os livros e artigos sobre o assunto.

Tão bem alinhadas. (Foto por Henry Mintzberg)

O Modelo de Estufa para a Formulação de Estratégias

1. Existe um estrategista principal, e essa pessoa é o CEO — o produtor de todas as estratégias. Outros gestores podem adubar, enquanto consultores oferecem conselhos (às vezes até mesmo a estratégia em si — mas não conte a ninguém);

2. Os planejadores analisam os dados pertinentes para que o CEO possa formular a estratégia por meio de um

processo controlado de pensamento consciente, parecido com o modo como tomates são cultivados em uma estufa;

3. A estratégia sai desse processo concebida de forma impecável, para então se tornar formalmente acessível, como tomates maduros que são colhidos e enviados ao mercado;

4. Essa estratégia acessível é então implementada, o que inclui o desenvolvimento dos orçamentos necessários e a criação da estrutura adequada — a estufa para a estratégia. (Se a estratégia falhar, a culpa é da "implementação", ou seja, aqueles incompetentes que não foram inteligentes o bastante para implementar a estratégia brilhante do CEO. Mas cuidado, pois esses incompetentes são espertos, e perguntarão: "Se você é tão brilhante, por que não formulou uma estratégia que nós, os incompetentes, fôssemos capazes de implementar?" Veja, toda falha de implementação é também uma falha de formulação.);

5. Portanto, gerenciar esse processo é plantar a estratégia cuidadosamente e cuidar dela enquanto cresce no prazo esperado para que possa receber seus produtos.

Espere, não saia formulando sua estratégia por enquanto. Primeiro leia o modelo a seguir.

Tão lindamente orgânicas.

Um Modelo Comunitário para Formação de Estratégias

1. Inicialmente, as estratégias crescem como ervas daninhas em um jardim; sem a necessidade de cultivá-las como tomates em uma estufa. Elas podem se formar, em vez de precisarem ser formuladas, conforme as decisões e ações tomadas uma a uma se ligam em um padrão consistente. Em outras palavras, as estratégias emergem gradualmente através de um processo de aprendizado. A estufa, se necessário, pode vir depois;

2. Essas estratégias podem lançar raízes nos lugares mais variados e incomuns, onde quer que as pessoas sejam capazes de aprender e tenham os recursos para sustentar tal capacidade. Qualquer um em contato com uma oportunidade é capaz de ter uma ideia que pode evoluir e se tornar uma estratégia. Uma engenheira se encontra com um cliente e imagina um novo produto.

Sem debates, sem planejamento — ela simplesmente o cria. As sementes de uma nova estratégia podem ter acabado de ser plantadas. A questão é que as empresas nem sempre conseguem planejar onde a estratégia começará, que dirá planejar a estratégia em si. Da mesma forma, estrategistas produtivos constroem jardins em terreno fértil, onde todos os tipos de ideias podem criar raízes e as melhores conseguem crescer;

3. Ideias individuais se tornam estratégias quando permeiam toda a organização. Outros engenheiros veem o que ela fez e seguem o exemplo. Então os vendedores entendem a ideia. De repente, toda a empresa tem uma estratégia nova — um novo padrão para suas atividades — o que pode até surpreender os executivos seniores. Afinal, as ervas daninhas podem proliferar e dominar todo um jardim; assim as plantas convencionais ficam parecendo deslocadas. Mas o que é a erva daninha além de uma planta inesperada? Com uma mudança de perspectiva, a nova estratégia pode se tornar algo valioso, da mesma forma que os europeus amam saladas com as folhas do dente-de-leão, a erva daninha mais conhecida dos EUA;

4. É certo que, uma vez que uma nova estratégia é reconhecida como valiosa, sua proliferação pode ser controlada, da mesma forma como as plantas são seletivamente propagadas. Uma nova estratégia se torna uma estratégia deliberada avançando para frente. Os gestores só precisam observar quando aproveitar um canteiro de estratégias formado e quando encorajar a criação de novas variedades para substituí-las;

5. Sendo assim, gerenciar este processo não é planejar ou plantar estratégias, mas sim reconhecer seu aparecimento e intervir quando preciso. Uma erva daninha realmente destrutiva, quando detectada, precisa ser arrancada pela raiz imediatamente. Mas, na verdade, às vezes vale a pena observar a erva daninha capaz de gerar frutos e até fingir que não é notada até que gere frutos ou seque. Então pode-se construir estufas para aquelas que geram os frutos, pequenos ou grandes.

Ok, agora você está pronto para a estratégia, esquecendo-se da palavra e aprendendo mais do que planejando.[13]

DOIS

Histórias sobre Organização

Pergunta para um consultor:

"Então — está ajudando-os a se organizar?"

"Não — estou ajudando-os a se desorganizar."

Organizando-se Como uma Vaca

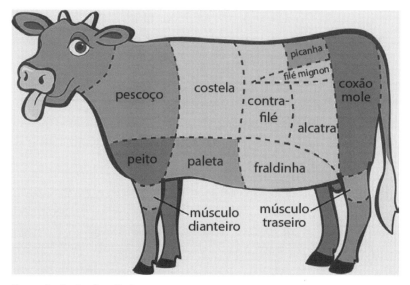

Cortesia da Socket Software.

Este conto de ninar pode parecer loucura. Não é!

Baseando-se em um anúncio de alguns anos atrás feito para uma grande empresa de softwares, o desenho acima não é uma vaca. É o gráfico de uma vaca — de suas partes. Em uma vaca saudável, estas partes nem sabem que são partes; elas simplesmente funcionam em harmonia. Então, você gostaria que sua empresa funcionasse como um gráfico? Ou como uma vaca?

Esta é uma pergunta séria. Pense nela. Vacas não se importam de funcionar como vacas. Nem, por assim dizer, nenhum de nós, fisiologicamente falando. Então por que temos tanta dificuldade em trabalhar juntos socialmente? Estamos tão confusos assim sobre como nos organizar, tendo como exemplo toda esta obsessão com gráficos?

Falo sobre essa vaca em nosso International Masters Program for Managers (IMPM). Uma vez, no módulo que fazemos na Índia, enquanto atravessavam as ruas agitadas de Bangalore, os gestores vivenciaram outra história sobre vacas. Conforme me contou Dora Koop, uma colega da McGill: "No primeiro dia, nos disseram que, ao atravessar a rua na Índia, tínhamos que 'andar como uma vaca'. O grupo todo tinha que ficar junto, e nos avisaram para não fazer nada inesperado. Então simplesmente atravessamos a rua devagar, e o trânsito passava ao nosso redor. Durante todo o programa, as pessoas usaram esta metáfora da vaca (relembrando também a outra, sobre trabalhar como uma vaca)."

Imagine só: um grupo de pessoas, unidas, atravessando de forma estável e cooperativa o que parecer ser um caos. Agora, imagine as pessoas da sua empresa atravessando de forma estável e cooperativa o que parece ser seu caos.

No andar como uma vaca obtemos uma resposta para trabalhar como uma vaca: tem a ver com andar e trabalhar juntos. Além da vaca sagrada da liderança está a ideia da *comuniderança*, uma palavra que criei para colocar a liderança em seu devido lugar.[14]

Comuniderança Além da Liderança

Laura e Tomas, dois de meus netos; Teddy, seu cão; e Ted, uma escultura de castor.[15] (Foto de Susan Mintzberg)

Diga "organização" e vemos liderança. É por isso que aqueles gráficos são tão onipresentes. Eles nos dizem quem deve liderar quem, mas não quem faz o quê, como e com quem. Por que temos tanta fixação na autoridade formal? Dê uma olhada na primeira figura da próxima página para ver uma organização. Então veja na segunda figura uma reorganização.

Percebeu a diferença? Sim, alguns nomes foram trocados em algumas caixas, mas o gráfico — como vemos a organização — continua o mesmo. Organizar se resume a comandar?

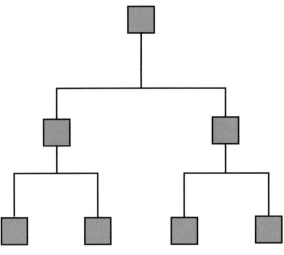
Isto é uma organização.

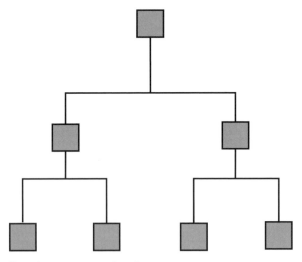
Isto é uma reorganização.

Você sabe por que é tão popular reorganizar? Porque é muito fácil. Embaralhe as pessoas no papel e o mundo se transforma — pelo menos naquele papel. Imagine se, em vez disso, as pessoas fossem alternadas entre os escritórios para fazer conexões novas.

Diga "liderança" e vemos um indivíduo — mesmo que aquele indivíduo deva "empoderar" todos os outros. (Isso é necessário?) Entretanto, muitas vezes, é um cavaleiro em um cavalo branco chegando para salvar a todos (mesmo que vá direto para um buraco negro). Mas, se uma pessoa é o líder, todos os outros devem ser seus seguidores. Queremos mesmo um mundo de seguidores?

Pense nas organizações consagradas que você mais admira. Aposto que além de qualquer liderança existe um poderoso senso de comuniderança. Organizações eficazes são comunidades de seres humanos, não acervos de Recursos Humanos.

Como se pode reconhecer a comuniderança em uma organização? É fácil: você sente a energia no lugar, o comprometimento da equipe e seu interesse coletivo pelo que fazem. Eles não precisam ser formalmente empoderados porque são naturalmente engajados. Eles respeitam a organização porque ela os respeita. Não existe o medo de ser demitido por que algum "líder" não atingiu os números esperados em determinado resultado.

É óbvio que precisamos de liderança, especialmente para possibilitar e estabelecer a comuniderança em novas organizações, bem como para ajudar a sustentá-la nas estabelecidas. O que não precisamos é de uma obsessão pela liderança — de algum indivíduo escolhido entre os outros, como se fosse o princípio e o fim da organização (e pago de acordo). Então, trata-se de *liderança suficiente,* incorporada à comuniderança.

Redes de Contatos Não São Comunidades

Se você quer entender a diferença entre uma rede de contatos e uma comunidade, peça que seus amigos do Facebook o ajudem a pintar sua casa. Redes conectam, comunidades cuidam.

As mídias sociais certamente nos conectam a qualquer um que esteja do outro lado da linha e assim expandem nossas redes sociais de forma extraordinária. Mas isso pode custar nossos relacionamentos pessoais. Muitos de nós estão tão ocupados enviando mensagens e postando tweets que mal temos tempo para nos encontrar e refletir. Onde devemos encontrar sentido? Uma resposta importante: por meio do contato cara a cara nas comunidades onde trabalhamos e vivemos.

Marshall McLuhan ficou famoso ao escrever sobre a "aldeia global" criada pelas novas tecnologias da informação. Mas que tipo de aldeia é essa? Na aldeia tradicional, você se conectava com seus vizinhos no mercado local, que era o coração e a alma da comunidade. Quando o celeiro de um vizinho queimava, você se oferecia para ajudar a reconstruí-lo.

Os mercados antes. (foto cortesia do *Jornal Grande Bahia* [JGB], Brasil)

Na aldeia global de hoje, o mercado mais proeminente é o desalmado mercado de ações. Em casa, nesta aldeia, quando você digita em um teclado, a mensagem pode ir para algum "amigo" que você nunca viu. O relacionamento continua intocado, e intocável, como aquelas fantasiosas histórias de amor da internet.[16]

Em sua coluna no *New York Times*, Thomas Friedman citou um amigo egípcio sobre o movimento em protesto à Primavera Árabe de 2011: "O Facebook ajudou muito as pessoas a se comunicarem, mas não a colaborarem." Friedman completou que "na pior hipótese, (as mídias sociais) podem se tornar substitutos viciantes para a ação de verdade".[17] É por isso que, ainda que os movimentos maciços consigam aumentar a conscientização da necessidade de uma renovação social, são as iniciativas sociais, geralmente desenvolvidas por grupos pequenos em comunidades locais, que iniciam boa parte da renovação.

Mercados hoje. (foto cortesia da Newcam Services, Inc., NYSE)

Transformação Vinda do Topo?
Ou Engajamento na Base?

A empresa tem um novo chefe, com 100 dias para mostrar algumas vitórias rápidas no mercado de ações. Corra e reinvente a empresa.

Transformação vinda do topo

Mas por onde começar? Fácil: com transformação vinda do "topo". Luis XIV disse: "L'état, c'est moi!" ["O Estado Sou Eu!", em tradução livre]. Atualmente, o CEO corporativo diz: "A empresa sou eu!"

John Kotter definiu um conceito generalizado sobre transformação, na Harvard Business School, onde "62% dos casos trazem gestores heroicos agindo sozinhos."[18] Aqui está o modelo de Kotter, em oito passos:[19]

1. Estabeleça um senso de urgência;

2. Forme uma poderosa aliança condutora;

3. Crie uma visão;

4. Comunique a visão;

5. Empodere outros para agirem conforme a visão;

6. Planeje e crie vitórias de curto prazo;

7. Consolide as melhorias e gere ainda mais mudanças;

8. Institucionalize novas abordagens.

Por favor, leia isto novamente, perguntando-se, a cada passo, *Quem faz o quê?* O chefe e somente o chefe, que Harvard o ajude. Espera-se que todos os outros sigam obedientemente a visão do chefe — um líder, muitos seguidores. De fato o artigo afirma que "indivíduos poderosos que resistem ao esforço pela mudança" devem ser removidos. E se eles tiverem uma boa razão para resistir? Não pode haver um debate, uma conversa? Será que a empresa do século XXI deve copiar a corte de Luis XIV?

Veja os passos. "Estabeleça um senso de urgência" — ir com tudo: pois os lobos de Wall Street estão ladrando na porta? Uma "aliança condutora", com os gestores sênior sempre no centro "criará uma visão": vindo do nada no topo? Não me admira que tantas empresas adotem cópias de estratégias que chamam de visões.

Então "comunique a visão" para todos aqueles seguidores na base — e, para continuar com os clichés, "empodere (-os) para agir conforme a visão" como se as pessoas contratadas para fazer um trabalho precisassem da permissão do chefe para fazê-lo.

E faça como que as "vitórias em curto prazo" continuem acontecendo com "ainda mais mudanças" — cada vez mais mudanças. Onde está a continuidade em tudo isso, tendo em mente que mudança sem continuidade é anarquia? Finalmente, não se esqueça de "institucionalizar" tudo porque a visão foi fixada no passo 3.

Engajamento na base

Se mudar é tão bom, que tal mudar o processo de mudança? Qual tal reconhecer o "topo" como uma metáfora que possa distorcer o comportamento, de modo que as estratégias sejam capazes de se formar em meio à confusão de criar produtos e servir clientes?

Aqui está um exemplo pontual sobre como a IKEA decidiu vender seus móveis desmontados, de modo que nós consumidores possamos levá-los para casa em nossos carros, economizando muito dinheiro nosso e da empresa. A inspiração para esta poderosa visão condutora, a qual transformou a empresa e a indústria moveleira, começou com um funcionário. "A exploração das embalagens planas começa quando um dos primeiros colaboradores da IKEA remove as pernas de uma mesa LÖVET para que caiba em um carro e evite danos durante o transporte."[20]

O site não diz isto, mas alguém teve que ter a percepção de que *se nós temos que retirar os pés, talvez nossos clientes também tenham que fazê-lo.* Este alguém poderia ter sido o funcionário, ou um gerente, talvez até mesmo o CEO, já que empreendedores de verdade passam bastante tempo na base. Mas, se não foi o CEO, esta percepção teve que ser levada a ele para que ele pudesse abençoá-la. E isto sugere que a IKEA era uma empresa de comunicação aberta, e não uma fixada em topos e bases, entre os quais tantas ideias se perdem. Em outras palavras, este tipo de mudança tem mais a ver com uma cultura aberta do que com transformação.

Então, em vez de um modelo de transformação hierarquizado, que tal um processo de engajamento na base?

Aqui estão alguns princípios básicos sobre o engajamento na base — nada de passos, não lineares, nada de ordem, apenas uma composição, como a própria mudança.

Qualquer um pode ter uma ideia que se torne a visão. Retirar as pernas de uma mesa pode não ter sido nada de mais, mas gerou algo grande.

A comunicação é aberta para que tais ideias circulem. Sem topos e bases as pessoas se conectam em redes flexíveis. Elas ouvem a todos, em todo lugar — até mesmo aos resistentes — pelo bem do progresso.

A estratégias, então, se formam pelo aprendizado, e não pelo planejamento. Elas não precisam ser concebidas imaculadamente. Análises competitivas podem ajudar, mas isso tem a ver fundamentalmente com pessoas engajadas descobrindo seu caminho coletivo para chegar em estratégias inesperadas.[21]

Obviamente, existe a necessidade de agrupar percepções diversas, o que costuma ser supervisionado pela gerência que está no controle do que acontece.

Um último ponto: às vezes, as organizações precisam de transformação, por exemplo, quando o choque de uma mudança repentina no mercado as coloca em risco. Mas muitas organizações se voltam para a solução da transformação por causa de uma sensação de desconexão. Em contrapartida, aquelas que permanecem conectadas precisam de menos consertos. Então, gestores, conhecedores e professores devem ter cuidado com a transformação e, em vez disso, se atentar à comuniderança.

Espécies de Organizações

Existem espécies de organizações da mesma forma que existem espécies de mamíferos. Não confunda. Um urso não é um castor: um hiberna em cavernas, o outro em estruturas de madeira que constrói para si. Da mesma forma, um hospital não é uma fábrica, como uma produtora de filmes não é um reator nuclear.[22]

Todos os pássaros são iguais?

Isto pode parecer óbvio, porém somos mestres em confundir as diferentes espécies de organizações. Nosso vocabulário para compreendê-las é bastante primitivo. Utilizamos a palavra *organização* da mesma forma que os biólogos usam a palavra *mamífero*, exceto pelo fato de que eles têm denominações para as diferentes espécies e nós não.

Imagine dois biólogos que se encontram para discutir sobre onde os mamíferos deveriam hibernar. "Em uma caverna", diz aquele que estuda ursos. "Ficou maluco?" diz o outro, que estuda castores: "Seus predadores podem entrar e devorá-los, eles precisam construir abrigos protetores com as árvores que cortam", o que gera a resposta: "Agora é você que está maluco!" Eles ficam neste diálogo de surdos, assim como o gestor de um hospital tenta explicar a um consultor que aquilo não é uma fábrica.

Todos os cães são diferentes.

Há alguns anos me empenhei em abordar esse problema em um livro chamado *Criando Organizações Eficazes*. Este foi meu livro de maior sucesso, mas não o bastante porque o modo como discutimos as organizações continua primitivo. Então deixe-me tentar novamente, oferecendo meu esquema de quatro espécies básicas de organizações.

A máquina programada Muitas organizações funcionam como máquinas bem lubrificadas. Elas se baseiam em *eficiência*, ou seja, obter o maior retorno financeiro possível. Sendo assim, tudo é mensurado e programado nos mínimos detalhes — por exemplo, quantos segundos um funcionário do McDonald's deve esperar para virar um hambúrguer. Isto facilita o treinamento dos funcionários, mas não a manutenção de seu comprometimento: seu trabalho pode ser entediante e o controle sufocante. A máquina programada é ótima naquilo que faz de melhor — você quer que a recepção do hotel ligue para acordá-lo às 8h, e eles o fazem nesta hora!

Mas não espere por inovação. Você gostaria de levantar o travesseiro no hotel e ter uma caixa de surpresas estourando e dizendo, "Surpresa!"? Mas é *isto* que você espera da sua agência de publicidade.

A reunião de profissionais Esta espécie também é programada, mas de forma totalmente diferente. Ela se baseia mais em *proficiência* do que em eficiência. Em hospitais, escritórios de contabilidade e muitas empresas de engenharia, o trabalho crítico é altamente especializado — exige anos de treinamento — apesar de boa parte dele ser surpreendentemente rotineiro. Para entender melhor, imagine-se sendo levado para dentro de uma sala de cirurgia enquanto uma enfermeira diz: "Não há com o que se preocupar: este cirurgião é supercriativo!"

Nesta espécie, até mesmo os profissionais que parecem estar trabalhando em equipe costumam trabalhar principalmente sozinhos; seu treinamento lhes ensinou exatamente o que esperar uns dos outros. Um dos meus alunos de doutorado observou uma cirurgia de peito aberto de cinco horas durante a qual o cirurgião e o anestesista jamais se falaram.

A empresa pessoal Aqui uma pessoa domina. Tudo se resume a *dirigir*. Pense em empreendedores como Steve Jobs na Apple ou Muhammad Yunus, que implantou os microfinanciamentos no Grameen Bank como iniciativa social. Às vezes, organizações mais velhas em crise também assumem esta forma para centralizar o poder de modo que uma pessoa possa cuidar dela. A maioria das organizações pequenas — a mercearia da esquina, por exemplo — também tende a se concentrar em uma pessoa, geralmente o dono, apenas pela conveniência. Existem também aqueles regimes políticos totalitários, com um autocrata no comando.

Quando o chefe de uma empresa pessoal diz: "Pule!", a resposta costuma ser: "Qual a altura, senhor?" Quando o diretor executivo de um hospital diz: "Pule", os médicos perguntam: "Por quê?"

O pioneiro do projeto   Esta quarta espécie é diferente. Aqui o trabalho também é altamente especializado, mas os especialistas têm que trabalhar em equipes para unir seus esforços em nome da *inovação*. Pense nas produtoras de filmes, agências de propaganda e laboratórios de pesquisa — os quais se organizam em torno de projetos para gerar novos resultados: um filme, uma campanha publicitária, um novo produto. Para entender esta espécie, é preciso reconhecer que ela atinge sua eficiência ao ser *in*eficiente. Sem folga, a inovação morre.

Cada uma destas espécies exige uma estrutura específica e um estilo de gestão próprio. Além disso, elas não *têm* simplesmente culturas diferentes; eles *são* culturas diferentes. Entre em algumas delas e as diferenças não passarão despercebidas.

Ainda assim, a grande maioria das literaturas populares sobre organizações trata de máquinas programadas — sem jamais reconhecer esse fato. Lemos incessantemente sobre a necessidade de ter controles mais rígidos e mais planejamento central, mensurar tudo o que está à vista, tornar-se mais "eficiente". Ou então sobre como compensar os piores efeitos desta espécie trazendo, como colocado uma vez de forma eloquente, "a equipe de manutenção do maquinário humano."[23]

Tenho analisado essas espécies como se todas as organizações pertencessem a uma delas. Algumas chegam bastante perto — por exemplo, um McDonald's programado ou uma empresa pessoal Trump. Porém, uma produtora em massa semelhante a uma máquina pode ter um departamento de projetos para a inovação dos produtos, da mesma forma que um hospital especializado pode ter um refeitório que funcione como uma máquina, sem contar uma equipe cirúrgica criativa quando algo dá errado na sala de operações. E também existem as híbridas — por exemplo, uma empresa farmacêutica que é projeto em sua pesquisa, profissional em seu desenvolvimento e máquina em sua produção.

Isto anula o esquema? Muito pelo contrário: sugere que podemos usar esse vocabulário para falar de forma mais sensata sobre todas as coisas diferentes que acontecem nas organizações.

Por Que Dizemos "Alta Gerência" Mas Nunca "Baixa Gerência"?

Você certamente diz "alta gerência" em sua organização e "gerência média" também. Então por que não diz "baixa gerência"? Afinal, os gerentes sabem que se um gerente está no topo e existem outros no meio, eles devem estar embaixo. O que isto nos diz, na verdade, é que aquele "alto" é apenas uma metáfora — e muito boba. No alto do quê?

1. No alto do diagrama, com certeza (veja abaixo). Mas tire o diagrama da parede e coloque-o em uma mesa para ver o alto como ele é: não mais alto do que qualquer coisa;

2. No alto da escala salarial também. Mas como podemos chamar de "líder" alguém que aceita ser pago centenas de vezes mais do que os funcionários comuns da empresa?

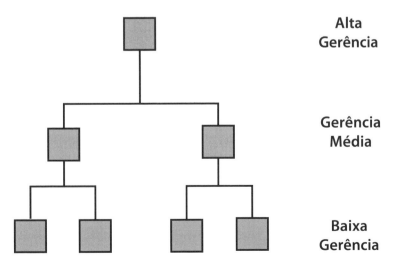

3. Geralmente no alto do prédio também. De lá de cima, entretanto, a alta gerência consegue ver tudo em geral e nada em especial. Tenha em mente também que o mais baixo da baixa gerência em Denver está sentado a milhares de metros acima do que o mais alto da alta gerência em Nova York;

4. Está bem, então, que tal no alto do que está acontecendo na organização? Com certeza, não. Ver-se no topo de uma organização não é um bom jeito de estar no controle do que está acontecendo ali. Diga "alto" e pensamos em alguém pairando sobre o lugar, como se estivesse em um tipo de nuvem, separado de todos no chão.

Então que tal isto: esqueça a *Alta Gerência* (quer dizer, o termo) e substitua-o por *gerência central*.

Na periferia, ao redor de toda a organização, podem ser colocados os gestores que olham para mundo, em maior contato com os clientes, produtos e serviços. Vamos chamá-los de *gerência operacional* e, entre eles e a *gerência central*, está a *gerência de conexão*. Eles fazem o contato do centro para o operacional, mas também levam as melhores ideias do operacional para o centro. Isso pode ser muito mais eficiente do que ter sempre que empurrar suas ideias até o topo da montanha como Sísifo.

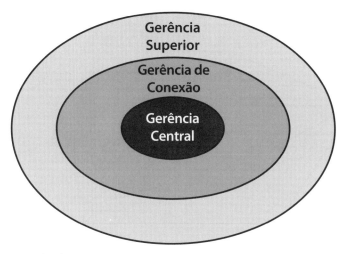

Círculo da Gestão.

Nesta representação, em vez de tratar a gerência média como um peso nas organizações — a ser "dispensada" na primeira oportunidade — esses gestores de conexão podem ser vistos como cruciais para a mudança construtiva. Na verdade, os melhores entre eles enxergam o panorama geral enquanto são conscientes o suficiente para ajudar a desenvolvê-lo.

Mas também existe um problema com essa visão. Imaginar uma pessoa no centro pode "centralizar" a organização: tudo pode girar em torno daquele indivíduo. O que pode ser bom em uma empresa pessoal, mas e em uma pioneira em projetos? Por que não, então, vê-la como uma rede, ou teia, de pessoas interagindo de todas as formas?

Mas onde colocar o gestor nessa teia? É fácil: em todos os lugares — seja fora do escritório, em algum andar mais alto ou nos lugares onde a organização está. Faça isso, e a rede pode funcionar como uma comunidade.

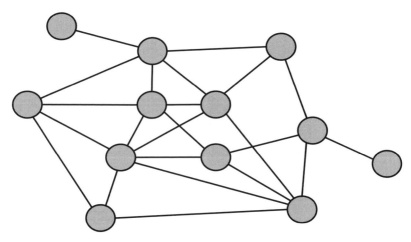

Teia da Organização.

Para concluir, se você quiser proceder a um downsizing proveitoso em sua organização, comece com o vocabulário inflado da "alta gerência". Pare de usá-lo. Dessa forma, você pode olhar em volta, em vez de para cima e para baixo, para avaliar quem pode fazer melhor cada trabalho.

Chega de Silos?
Que tal Lajes?

Todos conhecemos silos — aqueles cilindros verticais que mantêm as pessoas separadas horizontalmente umas das outras nas organizações: fabricantes de vendedores, médicos de enfermeiras. Na verdade, provavelmente todos nós já ouvimos mais do que o suficiente sobre silos.

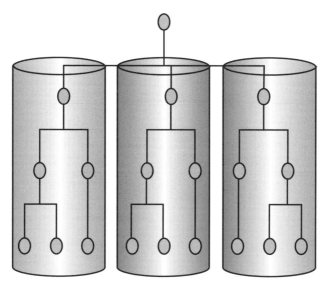

Silos nas Organizações.

Bem, então, e as lajes, aquelas barreiras horizontais contra o fluxo livre de informações?[24] Todos nós as conhecemos também, mesmo que não seja por esse nome. Em uma empresa checa, as pessoas falavam sobre os sete executivos no andar mais alto como se estivessem em um tipo de santuário interno, isolados de todos os outros. E as mulheres há muito reclamavam dos "tetos de vidro" que não lhes permitiam subir na hierarquia.

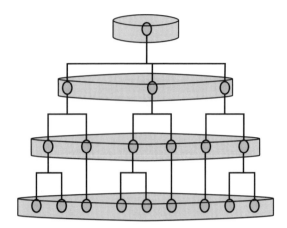

Lajes nas Organizações.

Uma vez realizei um workshop sobre esses silos e lajes com os gerentes sênior de um banco, que concluíram que os silos eram o problema e não as lajes. "Talvez você queira verificar isso com algumas pessoas que estejam uma ou duas lajes abaixo de você", sugeri. Podemos precisar dos silos por causa da especialização em nossas organizações, mas não precisamos de paredes impenetráveis. Para usar outra metáfora, não precisamos da ausência de costuras nas organizações, mas sim boas costuras: conexões feitas sob medida entre os silos. O mesmo também pode ser dito sobre as lajes nos diferentes níveis de autoridade. Será que o CEO, o COO, o CFO e o CLO devem sentar-se juntos no alto?

Uma regra cardinal dos programas de desenvolvimento gerencial é que os diferentes níveis de gerência jamais devem ser misturados. Mantenha os CEOs com os CEOs, gerentes médios com gerentes médios, e assim por diante. Por quê? Por causa do status? Muitos executivos da C-suite já passam tempo demais com seus pares, e o que eles precisam é conhecer o pensamento de outros tipos de gestores. Que tal se misturar um pouco, pessoal das Cs? Encham os ouvidos conversando com alguém de outra organização que possa lhe dizer o que jamais ouvirá da sua própria equipe.

Ou que tal descer daqueles santuários internos e colocar sua mesa próxima à das pessoas que têm perspectivas diferentes? Kao, um fabricante japonês de produtos para cuidados pessoais, entre outros, ficou famoso ao fazer suas reuniões em espaços abertos e permitir que qualquer um que estivesse passando entrasse: um capataz no comitê executivo, um executivo em uma reunião de fábrica. A Semco, uma empresa brasileira, divulgou que mantém dois lugares vagos em suas reuniões do conselho administrativo para os funcionários. É fácil romper as lajes quando se percebe que elas são meras invenções de nossa falta de imaginação.

Gestão Gerenciável e Não Gerenciável

Imagine-se administrando produtos de queijo na Índia para uma empresa alimentícia global ou comandando um hospital geral em Montreal sob o sistema Quebec Medicare. Parece bem simples, certo?

Agora imagine que você vendeu tanto queijo na Índia que a empresa lhe pede para administrar a divisão de queijos de toda a Ásia. Ou em Montreal você é convidado a administrar uma clínica comunitária separada do hospital — ficar se dividindo entre as filiais ou ficar em um escritório em outro lugar e enviar e-mails.

Em uma região de Quebec, o governo na verdade foi nove vezes além, e designou um gestor para nove instituições diferentes: um hospital, uma clínica comunitária, um centro de reabilitação, uma unidade de cuidados paliativos e diversos serviços sociais. Os nove gestores que chefiavam essas instituições foram afastados e substituídos por um gestor para administrar todas as operações. Pense no dinheiro economizado. Pense no caos instalado.

Gestão Não Gerenciável

Alguns trabalhos gerenciais são naturais e outros não. O queijo na Índia parece tranquilo, mas queijo na Ásia? Uma instituição de cuidados médicos tudo bem, mas duas juntas (na verdade, separadas), que dirá nove?

Por que toleramos empregos gerenciais não gerenciáveis? Há alguns anos, os conglomerados causaram furor entre as corporações. Se você tivesse conhecimentos de administração, poderia gerenciar todos os tipos de empresa simultaneamente — digamos, um estúdio de filmagem com um reator nuclear e uma cadeia de salões de manicure. Esta era acabou, felizmente, porém foi substituída pelos conglomerados internos. Hoje está na moda que os gestores administrem misturas incríveis de atividades dentro da mesma empresa.

Isto acontece porque desenhar diagramas é muito mais fácil do que administrar organizações. Pense também em todo dinheiro que isso economiza. Tudo que você precisa é de um Ótimo Organizador colocado em algum escritório central em qualquer lugar (a) agrupando diversas empresas em um diagrama, (b) desenhando uma caixa ao redor de cada grupo, (c) designando um rótulo para cada caixa (queijo na Ásia ou Centros de Serviços Sociais e Saúde em Quebec), (d) juntando todos com linhas para mostrar quem é o chefe de verdade, e (e) enviando o resultado organizado por e-mail a todos os envolvidos — e condenados. O que seria mais simples do que isso? Ou mais complicado?

A Caixa Chamada Ásia

Na Índia come-se muito queijo, mas no Japão, não. O que seria a "Ásia" afinal? Qualquer continente que contenha tanto a Índia quanto o Japão não pode ser levado a sério: desconheço dois países mais diferentes.

Dê uma olhada no mapa do mundo. Geograficamente ao menos, a maioria dos continentes é aparentemente coerente, rodeada por oceanos: África, Américas do Norte e do Sul e especialmente a Antártica, até mesmo a Austrália. Mas como a Ásia chegou ali? Não existe oceano ao oeste, e a Europa também não tem um a leste. Os asiáticos podem agradecer aos europeus, que designaram os continentes, para começar. Os europeus não podiam se excluir, que dirá ser jogados na Eurásia (Japão? Índia?), mesmo que fosse o indicado no mapa. Então eles desenharam uma linha entre a Europa e a Ásia sem nenhum oceano à vista. Note que também não foi na areia; eles desenharam a linha ao longo de uma cadeia de montanhas. (Por esta lógica o Chile também deveria ser um continente.) Esses cartógrafos simplesmente cortaram a Rússia ao meio para indicar onde acaba a Europa e começa a Ásia.

As pessoas que costumavam desenhar esses mapas, hoje desenham organogramas.

O Gestor Mais Perigoso

Vamos voltar ao trabalho. Você está administrando o queijo na Ásia, porém algumas pessoas em algumas partes da Ásia comem muito queijo e outras não. Como você vai administrar isso? — especialmente quando a pessoa que ficou com seu emprego na Índia, onde já está a maior parte de suas vendas na Ásia, está cuidando do queijo ali muito bem, obrigado.

Se você for esperto, não vai nem tentar. Mas isso não vai lhe render uma promoção para se tornar, digamos, o Rei do Queijo para o setor de alimentos da empresa em toda a Ásia — kimchii, harissa e poutine, além do queijo. Então você deve administrar o queijo na Ásia.

E é aí que os problemas começam. Por favor, entenda: não há nada mais perigoso do que um gestor sem nada para fazer. Gestores são pessoas ativas — esta é uma das razões pelas quais eles precisam ser gestores. Coloque um em uma posição não gerenciável, e ele encontrará algo para fazer. Como organizar retiros onde os gerentes de queijo da Índia, Japão, Mongólia Exterior e Papua Nova Guiné possam se reunir em busca de "sinergias" — modos de ajudarem uns aos outros a venderem produtos que as pessoas não querem.

Fora isso, é entediante ficar no escritório central regional em Singapura (o centro do não-continente asiático), então lá vai nosso gestor ativo para um avião. Não para microgerenciar, aliás — isso está fora de moda. É apenas para visitar, dar uma olhada. "Sou seu chefe, responsável pelo queijo na Ásia", você diz, pairando sobre o gestor a cargo do queijo no Japão. "Pensei em passar para, sabe, papear. Mas já que estou aqui, deixe-me fazer algumas perguntas inocentes: Por que o queijo não está pegando no Japão? Não é tarefa da empresa criar uma clientela? Eles comem kimchi coreano aqui, não é, como comem chutneys indianos no Piccadilly Circus? Então por que não comer gorgonzola no Ginza?"

Além das Caixas

Um hospital todo em um único lugar é uma entidade natural. Vender queijo na Índia também parece bastante natural. Além disso, esperar que alguém em algum lugar administre porque uma outra pessoa desenhou uma caixa em um diagrama não é nada natural. Nós certamente conseguimos nos organizar fora de caixas.

O Conselho como Abelha

Sob o rótulo de "governança", os conselhos administrativos têm recebido atenção excessiva ultimamente — talvez mais do que mereçam, pois costuma haver mais status do que substância no que os conselhos fazem. Eles têm serviços construtivos a oferecer, bem como um papel de governança a realizar, mas até isso é limitado.

Entre os serviços construtivos está o aconselhamento à administração, agindo simplesmente como uma caixa de ressonância e ajudando a levantar fundos. E a mera presença de membros influentes pode melhorar a reputação da organização, bem como conectá-la a importantes centros de poder.

Quando o Conselho Zune

O real papel de governança do conselho é supervisionar as atividades da gerência sênior — em três aspectos. Primeiro, a nomeação do chefe. (Usei a palavra *chefe* em vez de *CEO* para incluir os diretores de organizações não comerciais.) Segundo, avaliar o desempenho da pessoa. E terceiro, substituí-la quando necessário. Às vezes, um membro do conselho deve atuar temporariamente no lugar do chefe se ele ficar incapacitado.

Fora esse caso, o conselho não controla a organização. Ele aponta o chefe que o faz, e então se afasta adequadamente. Chefes têm machados com corte; conselhos têm martelos que fazem barulho. É claro que, se o conselho não confiar no chefe, ele deve substituí-lo sem pensar duas vezes. O problema é que o conselho não pode fazer isto com muita frequência.

Pense no conselho como uma abelha, pairando sobre um chefe que está colhendo flores. Aquele chefe tem que ser cuidadoso. Uma abelha é capaz de ferrar apenas uma vez, então é melhor que também seja cuidadosa. Fato é que um conselho pode ferrar mais vezes que uma abelha — pode substituir um chefe por outro. Mas isso aumentaria a preocupação com sua própria competência. Além disso, a maioria dos membros atuais do conselho provavelmente indicou a pessoa que querem substituir.

O Conselho Afastado

Reuniões do conselho podem ser feitas regularmente, mas geralmente não com frequência, fazendo com que seus membros fiquem bastante alheios ao que acontece na organização. Então, como eles podem saber quando substituir o chefe, já que seu principal canal com a organização é através dele?

Para agravar o problema de seleção, avaliação e substituição existe o fato de que os membros do conselho geralmente têm status sociais mais altos do que a maioria das pessoas na organização, o que dificilmente os ajuda a avaliar os candidatos internos para um cargo de chefia. Na verdade, isso gera um viés desfavorável em relação à escolha de candidatos de fora. Além disso, membros do conselho com status mais altos podem ter a tendência a escolher pessoas à sua própria imagem, que podem não se relacionar bem com as pessoas que devem gerenciar.

Existe um rótulo para pessoas que se relacionam bem com "superiores" e mal com "subordinados", conforme dito anteriormente na história sobre seleção: "Puxa saco e tapete". Eles são ótimos em se enturmar com os maiorais, mas péssimos em trabalhar com os normais.

Cuidado Com o Zunido

É natural que a prática dos conselhos varie, conforme o tipo da organização a ser dirigida. Apesar de a discussão a seguir se aplicar especialmente a empresas de capital aberto, em empresas de capital fechado, geralmente gerenciadas pelo dono, todos sabem quem tem o poder — e não é o conselho.

Os diretores de empresas costumam ser empresários. Mas o que acontece quando estão em conselhos não comerciais — ONGs, hospitais, universidades, e assim por diante? Aqueles que acreditam que as empresas são melhores podem ser uma ameaça, apresentando um perigo duplo: eles podem ser mais propensos a interferir e a indicar pessoas que sejam como eles para gerir essas organizações. Os empresários entendem mais sobre educação e saúde do que educadores e médicos entendem de negócios?

Estas organizações são diferentes: elas têm relacionamentos mais complicados com os acionistas, seu desempenho é medido com menor facilidade e sua equipe pode ser mais parecida com membros do que com funcionários. Conforme debatemos em uma história mais à frente, o empresarial não é "o melhor jeito" de gerenciar tudo.

Então, qual a minha conclusão? Conselhos são necessários, mas problemáticos. Seus membros precisam ter um senso apurado do que não sabem, e de como se informar melhor, tornando-se excessivamente informados. E todos os conselhos precisam de variedade entre seus membros para atenuar suas próprias limitações, devendo também estar mais cientes de seu zunido do que de sua ferroada.

TRÊS

Histórias sobre Análise

Tanto na ciência quanto no amor, concentrar-se na técnica costuma levar à impotência.

—Peter L. Berger

Analista: Analisa a Ti Mesmo

A teia da análise.

"Um axioma bem conhecido é o de que aquilo que não pode ser mensurado não pode ser gerenciado." (abertura de um artigo de Robert Kaplan e Michael Porter na *Harvard Business Review*).[25] Ele é bem conhecido mesmo — e absolutamente tolo.

Quem já conseguiu mensurar a cultura, a liderança e até mesmo o potencial de mercado para um produto realmente novo? Então nenhum desses fatores pode ser gerenciado? Será que Kaplan e Porter mensuraram a eficácia de suas próprias recomendações? Quem, de fato, já tentou mensurar o desempenho da mensuração, além de presumir que é maravilhosa? E a mensuração do desempenho da gerência? (Abordaremos isso em breve.)

Imagino que devamos concluir que nem a mensuração nem a gestão possam ser geridos.

Adivinhe só! Elas podem. Precisamos apenas entender que muitas das coisas que mais importam no mundo não podem ser mensuradas. É claro que devemos mensurar o que for possível, mas sem nos tornarmos reféns da mensuração. O problema é que isso ocorre com frequência.

Em seu artigo, Kaplan e Porter trazem uma lista com sete passos "para estimar os custos totais para tratamento de... populações de pacientes":

1. Escolha a condição médica (especificando as possíveis "complicações e comorbidades");

2. Defina a cadeia de valor da entrega de cuidados... a qual retrata as principais atividades;

3. Desenvolva mapas de processo para cada atividade;

4. Obtenha estimativas de tempo para cada processo;

5. Estime o custo de fornecimento de recursos para cuidados com o paciente;

6. Estime a capacidade de cada recurso e calcule a taxa de custo por capacidade;

7. Calcule o custo total dos cuidados com o paciente;

Não procure:

8. Incluir os custos de realizar todos os sete passos.

No entanto, podemos ter uma noção a respeito ao ler o exemplo do autor sobre uma prótese de joelho, para a qual foram listadas 77 atividades. Multiplique-as por cotovelos e quadris, cérebros e intestinos, corações e mentes; inclua nelas a frequência das melhorias em todos esses tratamentos; e se perguntará se logo haverá mais analistas do que médicos no sistema de saúde.

Além disso, os custos diretos desses esforços não são os únicos. E a distração dos médicos — por exemplo, ao forçá-los a registrar tantos dados? Adicione os custos das guerras políticas que acontecem acerca de quem está mensurando o quê, onde, quando e quem. Os analistas veem as mensurações como objetivas; compare isso ao sangue político derramado para determiná-las.

Imagine se os analistas colocassem a si mesmos sob o mesmo escrutínio sob o qual alguns deles colocam todos os outros. Em outras palavras, imagine se eles analisassem a si mesmos. Talvez assim conseguiríamos mais resultados como estes a seguir.

Anos atrás, a varejista britânica Marks & Spencer decidiu que estava gastando muito dinheiro no controle da movimentação de estoques em suas lojas. Então, em vez de o encarregado preencher um formulário de requisição para reposição de uma prateleira, que era entregue a outro encarregado atrás de um balcão que ia buscar os itens, a empresa extinguiu todo o procedimento e simplesmente permitiu que os encarregados fossem ao estoque e pegassem o que precisavam. A empresa conseguiu funcionar com milhares de encarregados a menos e menos 26 milhões de cartões e papéis.

O matemático e filósofo inglês Alfred North Whitehead escreveu que "é necessário ter uma mente muito peculiar para analisar o óbvio".[26] Analistas, anotem.

Sois Deuses: Uma Orquestra Eficaz!

Um jovem e animado estudante de MBA finalmente teve a oportunidade de aplicar seu conhecimento. Ele foi convidado a realizar uma pesquisa sobre uma organização com a qual não estivesse familiarizado e oferecer recomendações para melhorar sua eficiência. Seu alvo foi uma orquestra sinfônica. Após estudar os instrumentos do ofício, ele foi a seu primeiro concerto e apresentou a seguinte análise:

1. Por períodos consideráveis, os quatro oboístas não faziam nada. O número de oboés deveria, portanto, ser reduzido, e o trabalho dividido de forma mais uniforme ao longo de todo programa, eliminando assim os picos e vales de atividade;

2. Todos os 20 violinos tocavam notas idênticas. Esta me parece uma duplicação desnecessária, então o contingente dessa seção deveria ser diminuído drasticamente;

3. A obsolescência do equipamento é outra questão que exige maior investigação. O programa citou que o instrumento do primeiro violinista tinha centenas de anos. Bem, se tivessem sido aplicadas tabelas de depreciação, o valor desse equipamento teria sido reduzido a zero e a compra de equipamentos mais modernos recomendada há muito tempo;

4. Investiu-se muito esforço em tocar fusas, o que me parece um refinamento desnecessário. Recomenda-se que todas as notas sejam arredondadas à semicolcheia mais próxima. Se isto fosse feito, seria possível utilizar mais operadores trainee e de menor escalão;

5. Por fim, me pareceu haver muitas repetições de algumas passagens musicais. Portanto, deve-se diminuir consideravelmente as partituras. Não existe um motivo útil para ficar repetindo nos instrumentos de sopro o que já foi tocado pelos instrumentos de corda. Estima-se que, se todas as passagens redundantes fossem eliminadas, as duas horas de concerto poderiam ser reduzidas a 20 minutos e não haveria a necessidade de um intervalo.[27]

Se esse estudante tivesse escolhido estudar uma fábrica, ninguém estaria rindo, muito menos todas as pessoas naquela fábrica. Em outras palavras, este não é o caso de rir.*

---

* Isto foi publicado mais ou menos como descrito em meados dos anos de 1950 em um informe americano para professores, um jornal militar canadense e na revista *Harper's*, baseado em um memorando anônimo que circulou em Londres e provavelmente foi publicado originalmente no Her Majesty's Treasury of the Courts.

O Que Poderia Haver de Errado com a "Eficiência"? Muita Coisa.

A eficiência é como a maternidade, nos traz os melhores retornos sobre o investimento. Herbert Simon, ganhador de um daqueles prêmios não Nobel em economia (criados por economistas do Banco da Suécia para outros economistas), chamou a eficiência de conceito sem valor e completamente neutro.[28] Você decide quais benefícios deseja, e a eficiência os consegue para você ao menor custo possível. Quem seria contra isto? Eu, por exemplo.[29]

Listo abaixo algumas coisas que são eficientes. Pergunte-se a que elas se referem — a primeira palavra que vier à sua mente.

Um restaurante é eficiente.

Você pensou na rapidez do serviço? A maioria das pessoas pensa. Poucas pessoas pensam na qualidade da comida. Por quê?

Minha casa é eficiente.

O consumo de energia sempre ganha disparado. Diga-me: quem já comprou uma casa por seu consumo de energia, em comparação a, digamos, seu design, localização ou pelas escolas próximas?

O que está havendo? É bastante óbvio, assim que percebemos. Quando ouvimos a palavra *eficiência,* nos concentramos *subconscientemente* no critério mais mensurável, como rapidez do serviço ou consumo de energia. Eficiência significa eficiência *mensurável.* Isso não é nada neutro, pois favorece o que pode ser mensurado com maior facilidade. É aqui que mora o problema, em três aspectos:

- **Como os custos costumam ser mais fáceis de mensurar do que os benefícios, a eficiência costuma se resumir à economia** — cortar despesas mensuráveis às custas de benefícios menos mensuráveis. Pense em todos os governos que cortaram os gastos com saúde ou educação causando a deterioração da qualidade desses serviços. (Desafio qualquer um a elaborar um modo adequado de mensurar o que uma criança realmente aprende em uma sala de aula.) E aqueles CEOs que promovem cortes no orçamento de pesquisa ou manutenção para que possam ganhar bônus maiores de imediato, causando problemas posteriores. E não se esqueça daquele estudante que encontrou diversas maneiras de tornar uma orquestra mais eficiente.

- **Como os custos econômicos costumam ser mais fáceis de mensurar do que os custos sociais, a eficiência pode resultar em um aumento dos custos sociais.** Os economistas descartam estas "externalidades". Tornar uma fábrica ou uma escola mais eficientes é fácil, contanto que você não se importe com a poluição do ar ou com a estagnação do aprendizado.

- **Como os benefícios econômicos costumam ser mais fáceis de mensurar que os benefícios sociais, a eficiência nos leva a uma moralidade econômica que pode se tornar uma imoralidade social.** Somos eficientes quando comemos fast food em vez de boa comida, inclusive aqueles ovos mexidos.

Então cuidado com a eficiência e com especialistas em eficiência, bem como com educação, saúde e música eficientes, Às vezes, até mesmo com fábricas eficientes. Tenha cuidado também com balanced scorecards, pois, apesar de a inclusão de fatores sociais, ambientais e econômicos poder ser bem-intencionada, a balança pende para o lado daqueles fatores que podem ser mensurados com maior facilidade.

O Ponto Fraco
dos "Dados Concretos"

O que são exatamente os "dados concretos"? Rochas são algo concreto, mas dados? Tinta no papel e elétrons em HDs não são concretos. Na verdade, esses últimos costumam ser chamados de "cópia digital".

Se você precisa de uma metáfora para dados, tente as nuvens do céu: transparentes à distância, mas obscuras de perto. Não há nada a sentir. "Concreto" é a ilusão de ter transformado algo real em um número. Aquele cara ali não é o Simon, mas um 4,7 na escala de algum psicólogo. Aquela empresa não teve só um bom resultado; ela vendeu 49 bilhões de dispositivos. Isso não está claro o suficiente?

Por outro lado, dados não concretos podem ser confusos, ambíguos, subjetivos — pelo menos à distância. Eles geralmente devem ser interpretados com critério, o que não pode sequer ser transmitido eletronicamente. Na verdade, alguns dados não concretos não passam de fofocas, burburinhos e impressões — por exemplo, o rumor de que muitos daqueles dispositivos se mostraram defeituosos.

Então, os dados concretos sempre vencem — ao menos até chegarem ao nosso mundo digital, inclusive ao material esponjoso de nossos cérebros. Sendo assim, é melhor pensarmos nos pontos fracos destes dados concretos.

Dados concretos podem ser muito genéricos. Sozinhos, podem ser estéreis, se não impotentes. "Não importa o que eu dissesse a ele", reclamou uma das participantes do estudo de Kinsey sobre comportamento sexual masculino, "ele simplesmente olhava nos meus olhos e perguntava, 'Quantas vezes?'"[30] É só isso que importa?

Dados concretos podem fornecer a base para a descrição, mas e a explicação? Então as vendas de dispositivos subiram. Por quê? (a) Porque o mercado estava crescendo? Certo, há números que confirmam isso. (b) Porque um concorrente-chave estava fazendo besteira? Não há números que confirmem isso, apenas fofocas. (c) Porque nossa gerência foi brilhante? Nossa gerência gosta disto, por mais subjetivo que seja. (d) Ou, então, porque diminuiu a qualidade para diminuir o preço? Tente conseguir os números que confirmem isso. Todas estas hipóteses sugerem que geralmente precisamos dos dados não concretos para explicar os dados concretos — por exemplo, boatos sobre o que o concorrente tem feito ou fofocas sobre a qualidade em nossa própria fábrica.

Dados concretos podem ser muito concentrados. Eles vêm todos juntos, e não separados widget por widget, mas sim somados em um número único: vendas totais. Acontece o mesmo com a quintessência do lucro líquido: toda a empresa resumida em um único número. Pense em toda a vida que se perde naquele número como, por exemplo, aqueles cortes na manutenção que estão matando a empresa. Está tudo bem observar a floresta a partir das árvores... a menos que você esteja no ramo madeireiro. Gestores neste ramo têm que conhecer as árvores. Boa parte da gestão acontece em helicópteros, onde as árvores parecem um carpete verde.

Muitos dos dados concretos chegam tarde demais. A informação demora a se "concretizar". Não se engane com a velocidade daqueles elétrons voando pela internet. Primeiro, os acontecimentos precisam ser registrados como "fatos" — isso demora — e então agrupados em relatórios, o que demora ainda mais. Até lá os consumidores que estão cansados da qualidade do dispositivo podem ter debandado para a concorrência. Gestores que se concentram em números podem deixar passar as fofocas que poderiam tê-los avisado sobre isto.

Por fim, uma quantidade surpreendente de dados concretos não é confiável. Todos aqueles dígitos em uma linda tela são muito bonitinhos. Mas de onde vieram? Levante a pedra de cima dos dados concretos e dê uma olhada em que está rastejando por baixo. "O governo se interessa muito por acumular estatísticas — ele as coleciona, soma e eleva à *enésima* potência, extrai a raiz cúbica e desenha diagramas poderosos. Mas o que você não deve jamais esquecer é que cada um daqueles números vem primeiro do (sentinela da aldeia), que simplesmente escreve o que bem entende."[31]

E não somente o governo. Você já se deparou com um número que não podia ser negociado — uma contagem de rejeitos em uma fábrica, uma contagem de citações em uma universidade, que dirá o resultado final de uma empresa? Além disso, mesmo que os fatos registrados fossem confiáveis no primeiro caso, algo costuma se perder no processo de quantificação. Números são arredondados, acontecem erros e nuances se perdem.[32]

Todas essas alegações não são um apelo para se livrar dos dados concretos. Isso faz tanto sentido quanto livrar-se dos dados não concretos. São um apelo para não se deixar hipnotizar pelas medições. Todos sabemos que é preciso usar dados concretos para verificar palpites não concretos. Bem, e que tal usar palpites não concretos para verificar fatos concretos? Toda vez que você lê sobre queda de custos, ou aumento de lucros, verifique os números: pergunte-se se eles parecem plausíveis. Se não, investigue: vá até onde as sentinelas e os gestores inserem o que bem entendem.

Certa vez, um conhecido perguntou a um funcionário público britânico por que seu departamento fazia tantas medições. A resposta: "O que mais podemos fazer quando não sabemos o que está acontecendo?" Que tal ir até a fonte e descobrir o que está acontecendo? Ali, quando encontrar um número suspeito, conteste. Você descobrirá o porquê.

Mensurar como *complemento* à gestão é uma ótima ideia: mensure o que puder, leve a sério o que não puder e gerencie ambos juntos, cuidadosamente. Em outras palavras, se não puder mensurar um elemento e, especialmente se puder, gerencie-o.

A Difícil Tarefa de Mensurar a Gestão

Você é um gestor; logo, gostaria de saber como está se saindo. Outras pessoas ao seu redor estão ainda mais interessadas em saber como você está se saindo, especialmente se você for o chefe.

Existem muitos jeitos fáceis de avaliar essa questão. Fique atento a todos. A eficiência de um gestor só pode ser analisada em um contexto. O que pode parecer bem fácil, até ser desmembrado — neste caso em seis premissas.

(1) Gestores não são eficazes; combinações são eficazes. Não existem tantos bons maridos e boas esposas quanto bons casais, e o mesmo acontece com bons gerentes e suas unidades. O sucesso depende da combinação entre a pessoa e a unidade — na situação, no momento, por um período. Logo, uma falha que pode ser tolerável em uma situação pode ser fatal em outra. Pode-se dizer o mesmo de qualidades positivas: elas não são necessariamente universais. A habilidade em cortar custos de uma empresa pode levar outra à falência. Portanto, **(2) não existem gerentes eficazes em tudo**, o que também significa que não existe um gestor que possa gerenciar qualquer coisa. Pode haver gerentes que fracassam em todas as posições gerenciais, mas não existe nenhum que seja bem sucedido em todas elas.

Obviamente, gestores e suas unidades atingem o sucesso e o fracasso juntos. Então, **(3) para avaliar a eficiência de um gestor, é preciso também avaliar a eficiência da unidade sendo gerenciada.** Mas não apenas isso. **(4) É preciso avaliar também a contribuição que o gestor fez àquela eficiência.** Algumas unidades funcionam bem apesar de gestores fracos, enquanto outras funcionam muito pior se não tiverem um gestor firme.

Então, cuidado ao presumir que o gestor é automaticamente responsável por qualquer sucesso ou fracasso da unidade. O histórico importa; a cultura importa; o mercado importa; até mesmo o clima importa (se você estiver gerindo uma fazenda). Muitos gestores obtiveram sucesso apenas por se colocar em empregos mais favoráveis, certificando-se de não fazer besteira e depois recebendo crédito pelo sucesso: montados nas costas dos outros.

Para complicar ainda mais as coisas, **(5) a eficiência gerencial também tem que ser avaliada além da unidade, até mesmo da organização.** Para que serve um gestor que torna a unidade mais eficiente à custa do resto da organização? Por exemplo, o departamento de vendas vendeu mais dispositivos do que a fábrica conseguia produzir, e a empresa entrou em crise. O gerente de vendas é culpado por fazer seu trabalho? A gerência geral não deveria ser responsável por gerenciar toda a empresa? Claro, mas comuniderança significa que os gerentes de vendas são responsáveis por enxergar além das vendas. Imagine se mais organizações avaliassem o desempenho de suas unidades e gestores juntos, no que diz respeito à sua contribuição ao todo.

Além disso, o que pode estar certo para a unidade e até mesmo para a organização pode estar errado para o mundo ao redor dela. Subornar os clientes pode gerar mais vendas, mas será que esse tipo de eficiência é aceitável? Benito Mussolini, o ditador fascista da Itália, ficou famoso por tornar os trens pontuais. Neste aspecto, ele foi um gestor eficaz — ou pelo menos eficiente. Em outros aspectos, ele era um monstro.

Reúna todos esses pontos, e precisará perguntar: como alguém que precisa avaliar um gestor poderia dar conta de tudo isso? Aqui também a resposta é simples — ao menos a princípio: **(6) a eficiência gerencial precisa ser avaliada e não apenas mensurada.** Lembra da avaliação? Ainda está no dicionário. Portanto, aqui, como em quase qualquer lugar, não existe palavra mágica.

Evidência e Experiência em Gestão, Medicina e Mais

Começarei e terminarei esta história com evidências e experiências, primeiro sobre ciclismo e, por fim, sobre aquecimento, com medicina e gestão no meio.

Do lado direito do guidão de uma bicicleta temos um pequeno número que nos diz em qual marcha a roda de trás está. Isto é evidência. Experiência é o que vivemos ao pedalar naquela marcha — talvez os pedais estejam girando muito rápido para o terreno plano onde estamos. Evidência é o que nos informa; experiência é o que sentimos.

Podemos tornar este caso mais vívido. Quando pedalamos para subir uma montanha e, então, descemos de volta até onde começamos, andamos quatro vezes mais para subir do que para descer. As pessoas se surpreendem quando lhes digo isso: como pode, já que as distâncias para subir e descer são exatamente iguais? Porque não experimentamos a *distância* — isto é uma abstração, mera evidência — nós experimentamos *tempo*.

Uma vez, em nosso programa de administração de serviços de saúde IMHL, pedimos aos participantes, principalmente médicos, que representassem seu trabalho em um gráfico, de evidências a experiências. Apesar de todo o alarde em torno da "medicina baseada em evidências", eles se colocaram em todo gráfico. A discussão subsequente chegou a um consenso de que na medicina, como na administração, é necessário haver um certo equilíbrio entre evidência e experiência. Um médico propôs que o termo fosse alterado para "medicina *guiada* por evidências."[33]

De fato, a formação em medicina equilibra o ensino baseado em evidências na sala de aula com o aprendizado adquirido de experiências no hospital. Porém, a educação gerencial convencional — chamada de programas de MBA — pende mais para o uso de análises, chamadas de evidências, e se afasta das experiências. Quando os alunos assistem a uma aula sobre finanças, ou aprendem técnicas de estratégia, o foco são as evidências de pesquisa, reforçadas por teorias, e não por experiências vividas. E essa tendência é levada aos empregos que muitos formandos aceitam em consultorias e finanças bem como em marketing e planejamento, e aos detalhes específicos dos setores de vendas e produção: ainda mais análise e manipulação de dados, em vez de ganhar experiência colocando as mãos na massa.

E não pense que os estudos de caso são diferentes. Eles alegam levar experiência para a sala de aula, mas apenas uma minúscula parcela dessa experiência chega aos alunos: aconteceu em uma empresa, geralmente foi relatado pelo CEO (conforme dito anteriormente, a maioria dos casos de Harvard se concentra nos CEOs), registrado por um assistente de pesquisa, escrito por um professor, e então repassado por outros professores que, como os alunos, podem não saber nada além daquilo sobre a empresa.

É por isso que escolas de administração formam pessoas que se sentem mais confortáveis em analisar evidências do que aprender com a experiência. E, quando algumas dessas pessoas trilham seu caminho até a gestão, geralmente gerenciam conforme aprenderam: favorecendo evidências em detrimento de experiências, administrando por meio de números e confiando em técnicas (para as quais evidências se comprovam em uma história mais adiante).

Isso nos leva ao aquecimento global, para o qual as evidências hoje são espantosas. Então, por que não estamos fazendo nada a respeito? Excluindo os interesses ocultos, uma razão significante poderia estar em nosso próprio comportamento.

Ouvimos muito sobre mudanças climáticas, mas a maioria de nós jamais sofreu suas consequências. Em outras palavras, conhecemos as evidências, mas não temos a experiência. "Não é péssimo que as calotas polares estejam derretendo... Tomara que alguém esteja fazendo algo a respeito", enquanto aumentamos a temperatura do aquecedor de nossas casas para não ter que vestir uma blusa. Em contrapartida, pergunte sobre este assunto para alguém cuja casa já sofreu uma inundação. Portanto, quando se trata de aquecimento global, é melhor nos basearmos nas evidências antes de passarmos pela experiência.

Excerto do jornal *Natal Daily News* (16 de junho de 1982): "Deve-se obter uma previsão do tempo de longo prazo antes de sair, pois as condições climáticas são extremamente imprevisíveis."

Como a Felicidade Nacional Tornou-se Bruta

O pequeno reino do Butão, encravado entre o Tibete e a Índia, ficou famoso ao criar a Felicidade Interna Bruta [Gross National Happiness (GNH)], graças a seu rei. Mas ele não é qualquer rei. Antes de ceder voluntariamente o poder para as eleições democráticas, ele decretou um aumento na cobertura de florestas do país, fez com que todas as crianças do país aprendessem inglês e adotou a Felicidade Interna Bruta. A FIB repercutiu entre pessoas do mundo todo que estavam cansadas do Produto Interno Bruto (PIB). Como comentou Robert Kennedy:

> **O Produto Interno Bruto contabiliza a poluição do ar e as propagandas de cigarro... contabiliza a destruição do pau-brasil... e os programas de televisão que glorificam a violência... Ainda assim, (ele) não considera a saúde de nossas crianças, a qualidade de sua educação ou a alegria de suas brincadeiras... mensura tudo resumidamente, exceto aquilo que faz a vida valer a pena.**[34]

A FIB se baseia em quatro "pilares": bom governo, desenvolvimento sustentável, preservação e promoção da cultura e conservação ambiental. Eles foram elaborados em quatro "domínios", que incluíram saúde, educação, bem-estar psicológico e vitalidade comunitária. Bem simples.

Curioso acerca da FIB e amante de montanhas, visitei o Butão em 2006. Duas coisas me chamaram a atenção em conversas com diversas pessoas cultas do país. Primeiro, elas não faziam ideia de como mensurar boa parte da FIB; segundo, isso não importava muito, pois o país parecia estar se comportando conforme seus preceitos. Segundo disse um repórter da BBC, a FIB se tornou "um modo de vida" no Butão — um país pobre onde a vida parecia ser bastante agradável.

Pouco depois disso, economistas se abalaram até o Butão para consertar a FIB, apesar de não estar quebrada. Afinal, se os butaneses não mensuravam a FIB, como seria possível gerenciá-la? Logo, cada um dos nove domínios tinha "seus próprios índices FIB ponderados e não ponderados... analisados usando... 72 indicadores... Foram desenvolvidas até fórmulas matemáticas para reduzir a felicidade a componentes mínimos."[35] Uma pesquisa, que demorou de cinco a seis horas para ser concluída, "incluiu cerca de 750 variáveis."[36] Esses tecnocratas cuidaram bem da parte "bruta", mas e a felicidade?

Críticos da FIB contestaram suas avaliações subjetivas. "A professora de economia Deirdre McCloskey critica essas medições por serem anticientíficas... fazendo a analogia de que a sociedade não poderia 'basear a física em perguntar às pessoas se o dia foi quente, agradável ou frio.'"[37] Se ao menos a educação, cultura e felicidade fossem tão mensuráveis quanto a temperatura. Pergunto-me se a maior ameaça à FIB vem dos inimigos que querem erradicá-la ou dos amigos que querem mensurá-la.

Em 2013, pouco depois de toda esta medição, Tshering Tobgay, que estudou com o economista Michael Porter, na Harvard Business School, tornou-se primeiro-ministro. Logo ele estava alegando que a FIB "distraía (algumas pessoas) do real assunto em questão"[38], ou seja "a conclusão... é que temos que nos esforçar mais."[39] Isso ele conseguia entender, ao contrário da FIB, que ele achava "muito difícil", na verdade, "algo complicado para mim."[40]

F. Scott Fitzgerald alegou que "o teste de uma inteligência superior é a capacidade de ter em mente duas ideias opostas ao mesmo tempo e ainda manter a capacidade de funcionar."[41] Para qualquer economista ou primeiro-ministro que não consiga lidar com mensuração e felicidade ao mesmo tempo, deixe-me sugerir que esqueça a mensuração e celebre a felicidade.

QUATRO

Histórias sobre Desenvolvimento

Se todos pensam igual, então ninguém está pensando.
—Benjamin Franklin

A Vez de Jack

Em aulas expositivas, alegou um professor de Harvard, os alunos "esperam que você dê 'a resposta'". Existe um viés embutido contra a ação. O que dizemos com o método de estudos de casos é: "Veja, eu sei que você não tem informações suficientes — mas, diante das informações que tem, o que você vai fazer?"[42]

"Ok, Jack, aqui está você, o CEO, na Mammoth Inc. O que a empresa deveria fazer agora?" O professor e os 87 colegas de Jack esperam ansiosos por sua resposta à "pergunta inesperada" — planejada para verificar se os alunos estudaram o caso. Jack estudou; ele vem pensando a respeito há muito tempo, desde que lhe disseram que o método de estudos de caso tem a intenção de "desafiar o pensamento convencional". Ele também tem sido lembrado diversas vezes de que, como bons gestores são resolutos, bons alunos de MBA devem se posicionar. Então, Jack engole em seco e responde à pergunta.

"Como posso responder à pergunta?" começa Jack. "Mal conhecia a Mammoth antes de ontem. E hoje o senhor quer que eu fale a respeito de sua estratégia.

"Ontem à noite tive que estudar dois outros casos. Então a Mammoth, com todos aqueles milhares de funcionários e produtos, recebeu algumas horas. Li o caso rapidamente uma vez e depois outra... hum... mais devagar. Não me lembro de jamais ter usado algum produto da Mammoth. Até ontem, eu sequer sabia que essa empresa fabricava o veneno para ratos que uso em meu porão. Nunca entrei em nenhuma de suas fábricas. Nunca fui a Come By Chance, Terra Nova, onde fica a matriz da Mammoth. Não conversei com nenhum de seus clientes (além de mim). Certamente jamais me encontrei com nenhuma das pessoas mencionadas no caso. Além disso, essa empresa é de alta tecnologia e eu sou um cara de baixa tecnologia. Minha experiência profissional — a pequena que existiu — ocorreu em uma fábrica de móveis. Tudo o que tenho para me guiar são essas poucas páginas. Este exercício é superficial. Recuso-me a responder à sua pergunta."

O que aconteceu com Jack? Na escola de administração, deixarei que adivinhe. Mas de lá ele voltará para a empresa de móveis, onde se aprofundará nos produtos, nas pessoas e nos processos. Com sua coragem para ser resoluto e desafiar o pensamento convencional, Jack cresce até se tornar CEO. Ali, com pouquíssima análise do setor (isto viria em outro curso), ele e seus colegas aprendem uma estratégia que transforma a indústria moveleira.

Enquanto isso, Bill, sentado ao lado de Jack, interfere. Ele também nunca esteve em Come By Chance, mas isto não o detém. Ele dá uma ou duas opiniões inteligentes e consegue aquele MBA. Isso o leva a uma prestigiada empresa de consultoria, onde, como nessas aulas de estudo de caso, ele salta de uma situação para outra, dando uma ou duas opiniões inteligentes acerca de problemas sobre os quais ele há pouco não sabia nada, sempre indo embora antes de a implementação (ou seja, a ação) começar.

Conforme esse tipo de experiência se acumula, logo Bill se torna diretor executivo de uma grande empresa de eletrodomésticos. (Ele jamais prestou consultoria em uma, mas isso o lembra aquele caso da Mammoth.) Ali, depois de cortar alguns milhares dos Recursos Humanos, ele formula uma estratégia ostentosa de alta tecnologia, que é implementada, digamos, por meio de um dramático programa de aquisições. O que acontece? Adivinhe novamente. (Ou leia a próxima história.)

"Leitores (do livro *What They Really Teach You at the Harvard Business School* [*O Que Eles Realmente Ensinam na Harvard Business School*, em tradução livre], escrito por dois de seus alunos) provavelmente estão perguntando, 'Ler o caso e fazer esta análise em duas a quatro horas?' A resposta da Harvard é sim. Os alunos têm que preparar de dois a três casos todos os dias. Assim, (eles) devem se esforçar para fazer suas análises de forma tão rápida quanto bem feita."[43]

Há alguns anos, a escola fez um anúncio na *The Economist* sobre seus programas de educação executiva, que trazia uma mulher com aparência de executiva que dizia: "Estudávamos quatro empresas por dia. Isto não é teoria. É experiência." Isso é tolice.

MBAs como CEOs: Algumas Evidências Preocupantes

As escolas de administração gostam de se gabar de quantos de seus alunos se tornaram CEOs — especialmente a Harvard, já que é a que reúne o maior número. Mas como essas pessoas se saem como CEOs? As habilidades necessárias para ter um *bom desempenho* ali são as mesmas que as *colocaram* na instituição?

A maioria dos alunos de MBA entra em escolas de administração prestigiadas com esperteza, determinação e intensidade. Ali, os estudos de caso os ensinam como se pronunciar com inteligência em situações a respeito das quais têm pouco conhecimento, enquanto técnicas analíticas lhes dão a impressão de que podem resolver qualquer problema — sem a necessidade de possuir qualquer experiência profunda. Com a formatura vem a confiança de ter frequentado uma escola de administração renomada, sem contar uma rede de "bons contatos" que pode levá-los ao "topo". E depois?

Algumas Evidências Surpreendentes

Esta é uma pergunta que esses centros de pesquisa não pesquisam. Há alguns anos, Joseph Lampel e eu fizemos uma exceção. Uma década após sua publicação em 1990, analisei um livro chamado *Inside the Harvard Business School* [*Dentro da Harvard Business School*, em tradução livre] de David Ewing, membro de longa data. A primeira frase diz: "A Harvard Business School é, provavelmente, a instituição privada mais poderosa do mundo."[44] O livro listou 19 ex-alunos da Harvard que haviam "chegado ao topo" — as estrelas da escola em 1990. Minha atenção se concentrou em alguns deles que não estariam em uma lista daquelas pouco depois de 1990.

Então Joe e eu estudamos os registros pós-1990 de todos os 19. Como eles se saíram? Em uma palavra, mal. A maioria, 10, pareceu ter nitidamente falhado, ou seja, suas empresas faliram, eles foram destituídos da cadeira de CEO, uma grande fusão deu errado, ou algo do tipo. O desempenho de outros 4 pareceu questionável. Quatorze desses CEOs construíram ou revolucionaram empresas, de forma proeminente e dramática, apenas para vê-las enfraquecer ou ruir de forma igualmente dramática. Os outros cinco aparentemente se saíram bem.

Por exemplo, Frank Lorenzo passou por grandes fracassos em todas as três companhias aéreas que dirigiu, e Roy Bostock, que liderou por uma década a renomada agência de propaganda Benton & Bowles, a viu fechar as portas cinco anos após sua aposentadoria. Talvez a história mais dramática e notável seja a de Bill Agee, CEO da Bendix e, depois, da construtora

Morrison-Knudsen. Um crítico da *Fortune* escreveu o seguinte sobre um livro escrito por Mary Cunningham, outra MBA de Harvard, que trabalhou ao lado de Agee:

> **Pouco se fala sobre o fato de a atividade das empresas se resumir principalmente a curvar-se ante uma divindade chamada A Estratégia... Pelo que sei, ela consistiu em tirar da Bendix uma porção de produtos arcaicos e ultrapassados e substituí-los por produtos atraentes de alta tecnologia. O que torna esta estratégia genial, ou sequer boa, ela não diz.**[45]

Outro artigo da *Fortune* aprofundou-se. Agee "foi simplista em finanças e contabilidade, vendendo de forma inteligente os ativos e investindo em outras empresas... (Mas depois) de uma tentativa malsucedida da Bendix de tornar-se mais tecnológica... uma tentativa de aquisição... fracassada, levando à venda da Bendix." Então, na Morrison-Knudsen, Agee "tomou algumas péssimas decisões empresariais". Segundo alguns executivos, ele usou algumas práticas contábeis questionáveis para aumentar os ganhos em dezenas de milhões de dólares. Um escritor concluiu que "a falha fatal de Agee foi sua fraqueza como gestor."[46]

Mas, então, talvez ele fosse mais um líder do que um gestor. (Leia as regras a seguir e julgue por si mesmo.) Bem, então sentar-se em uma sala de aula por alguns anos não estraga o potencial gerencial de todos — afinal havia aqueles cinco outros CEOs naquela lista. Mas o desempenho dos outros 14 sugere que o diploma de MBA conseguiu colocar algumas pessoas erradas no cargo de CEO, e também que a ênfase em casos e análises pode ter dado às pessoas certas a impressão errada sobre gestão.

> **Regras para Ser um Líder Arrogante**
>
> - Mude tudo o tempo todo. Em especial, reorganize constantemente para manter todos em alerta (em vez de se acomodarem). Não mude esse comportamento, não importa quais suas consequências.
> - Cuidado com os internos: qualquer um que conheça a empresa é suspeito. Traga uma "equipe top" totalmente nova e confie em consultores — eles podem não conhecer seu negócio, mas certamente gostam de líderes arrogantes.
> - Concentre-se no presente: Feche aquele negócio significativo agora! O passado está morto, o futuro, distante (além dos bônus). Ignore as operações existentes — é demorado mudar qualquer coisa estabelecida. Em vez disso, faça fusões adoidado — com demônios que não conhece. Isso certamente chamará a atenção de analistas do mercado de ações e day traders.
> - Enfatize os números, porque assim não será preciso gerenciar o desempenho, e nem considerá-lo. Da mesma forma, certifique-se de receber centenas de vezes mais do que seus meros empregados, para mostrar o quanto você é mais importante do que eles. Isto é liderança! Acima de tudo, eleve o preço das ações, embolse os lucros e corra. Existe muita demanda por líderes arrogantes.

Ainda Mais Surpreendente

Os resultados de nosso estudo foram obviamente surpreendentes. Eles não provaram nada, mas certamente levantaram uma preocupação séria: será possível que uma cobiçada formação em MBA esteja na verdade prejudicando a prática da gestão?

Ainda mais surpreendente foi o que aconteceu após nosso estudo (publicado com destaque em um artigo na revista *Fortune* e também em meu livro de 2004, *MBA? Não Obrigado!*, com quase 100 mil cópias vendidas).[47] Nada. Você pode pensar que ele disparou alguns alarmes ou ao menos despertou certa curiosidade. O fato de não tê-lo feito nos diz tanto sobre as escolas de negócios quanto os resultados em si.

Ainda mais Preocupante

Recentemente, dois professores de administração, Danny Miller e Xiaowei Xu, ponderaram acerca desse assunto, com dois estudos que tinham amostras maiores — e resultados ainda mais preocupantes.

No artigo "A Fleeting Glory: Self-Serving Behavior among Celebrated MBA CEOs"[48] [*Uma Glória Fugaz: Comportamento Egoísta entre Aclamados CEOs com MBA*, em tradução livre], eles utilizaram uma amostra inovadora: 444 aclamados diretores executivos de empresas americanas nas capas das revistas *Business Week*, *Fortune* e *Forbes* de 1970 a 2008. Sua pesquisa comparou o desempenho subsequente daquelas empresas que foram dirigidas por MBAs — um quarto do total — com as que não foram.

Os dois conjuntos de empresas tiveram queda no desempenho após as matérias de capa — Miller comentou que "é difícil continuar no topo" —, mas aquelas lideradas pelos MBAs declinaram mais rapidamente, e o declínio "continuou significativo por até sete anos depois da matéria de capa ser publicada". Os autores descobriram que "associa-se o título de MBA a recursos para atingir crescimento através de aquisições... (que se mostraram) na forma de fluxos de caixa reduzidos e retorno inferior sobre ativos." Porém, a remuneração dos CEOs MBAs realmente cresceu, de fato cerca de 15% mais rápido do que a de não MBAs! Aparentemente, eles aprenderam a jogar o jogo "egoísta", o qual Miller chamou de "crescimento rápido caro"[49].

Engolindo o "valor"

O segundo estudo, intitulado "MBA CEOs, Short-Term Management and Performance"[50] [CEOs MBAs, Gestão de Curto Prazo e Desempenho], usou uma amostra maior e mais recente de 5.004 CEOs de grandes empresas públicas americanas de 2003 a 2013. Os resultados foram semelhantes: "Cremos que os CEOs MBAs são mais aptos que seus equivalentes não MBA para se envolver em expedientes estratégicos de curto prazo como a gestão positiva de resultados e a supressão de P&D, os quais, em contrapartida, são seguidos por empresas de avaliação de mercado comprometidas."Novamente, estes CEOs MBAs foram recompensados por esse "desempenho".

Por Que Esse Problema Persiste?

As escolas de administração tornaram-se extremamente bem-sucedidas, e, em certos aspectos, merecidamente. Elas fazem uma enorme quantidade de pesquisas significativas e algumas são centros de trabalho interdisciplinar, sendo que as melhores reúnem psicólogos, sociólogos, economistas, historiadores e outros. Seus programas de MBA são bons em treinar para funções empresariais, como finanças e marketing, se não para a prática da gestão. Então por que essas escolas continuam a promover uma educação de gestão quando parecem promover tanta má gestão?

Bem, por que mudar quando tantos de seus formandos estão chegando ao "topo", mesmo que tantos deles estejam corrompendo suas empresas e a economia, bem como a sociedade?

"Se você fizer sempre o que sempre fez, obterá sempre o que sempre obteve."[51]

Envolva os Gestores Além da Administração ("egaa")

Existem muitos cursos de administração, mas poucos de gestão. Então, o que você deveria fazer como um gestor que tem um bom desempenho, mas ainda assim é ultrapassado por MBAs que pisam na bola? Juntar-se a eles fazendo um EGAA? Só se significar *envolver os gestores além da administração.*

Você quer mesmo sentar-se em uma fileira perfeita e assistir a aulas sobre ação e engajamento? Ou pronunciar-se a respeito de empresas sobre as quais você não sabe quase nada enquanto sua própria experiência é ignorada? Além disso, você está interessado na administração de empresas ou nas práticas de gestão?

Durante anos andei por aí dando palestras em escolas de administração sobre o que há de errado com os cursos de MBA convencionais para gestão — ou seja, aqueles que treinam as pessoas erradas, das formas erradas e com as consequências erradas — só isso. As pessoas são inexperientes: um gestor não pode ser criado em uma sala de aula. Isto torna os caminhos muito analíticos: incapazes de ensinar a arte da gestão, os docentes baseiam-se na ciência ao ensinar análises e técnicas, ou então usam a experiência desconectada dos estudos de caso. E ao dar a impressão de que isto ensinou aos alunos como gerir tudo — quando, na verdade, eles não aprenderam a gerir nada — as consequências costumam ser terríveis. Ao se formarem, os MBAs deveriam receber um selo com uma caveira e ossos cruzados na testa: *Cuidado! Despreparado para gerenciar!*

Nessas palestras, as pessoas começaram a me fazer a pergunta que jamais deveria ser feita a um acadêmico: *O que você está fazendo a respeito?* (Nós acadêmicos devemos criticar, e não fazer algo em relação a nada.) Muito envergonhado, juntei-me a colegas de ilustres escolas de negócios ao redor do mundo para criar o International Masters Program for Managers.[52]

Embora um gestor não possa ser criado em uma sala de aula, gestores experientes podem beneficiar-se muito de uma sala de aula que os encoraje a refletir sobre suas próprias experiências e compartilhar seus insights uns com os outros. T. S. Eliot escreveu em *The Dry Salvages:* "Tivemos a experiência, mas perdemos o sentido." A formação em administração deveria basear-se em obter significado da experiência.

Os gestores da IMPM — com idade média de 40 e poucos anos — ficam no trabalho e vão para a sala de aula para cinco módulos de 10 dias cada ao longo de 16 meses, realizados na Inglaterra, Canadá, Índia, Japão e Brasil. Eles não se concentram nas funções do negócio, mas sim nas mentalidades de gestão:

- *Reflexiva* — gerir a si mesmo;

- *Analítica* — gerir organizações;

- *Mundana* — gerir o contexto;

- *Colaborativa* — gerir os relacionamentos;

- *Ativa* — gerir a mudança.

Ao final do primeiro módulo em 1996, na mentalidade de reflexão, enquanto todos estavam falando, "foi ótimo conhecê-lo!", Alan Whelan, um gerente de vendas na BT, dizia, "foi ótimo conhecer a mim mesmo!"

Nossos programas têm uma regra de meio a meio: metade da aula é entregue aos gestores, conforme seus programas. Então, eles sentam-se a mesas redondas em uma sala aberta para que possam entrar e sair dos workshops no momento que quiserem.

Estes gestores não são lobos solitários que saltaram de paraquedas na aula para ficarem sozinhos nos silos, conforme mostrado na próxima página. Eles são colegas em uma comunidade de aprendizado social, conectados a seu contexto, conforme apresentado na figura a seguir.

Este arranjo levou a diversas práticas novas.[53]

- **Assessoria amigável.** Na *assessoria amigável,* uma preocupação de cada gestor se torna o centro das atenções de um pequeno grupo de colegas. O gestor de uma pessoa se demitiu repentinamente durante o programa, e ela ficou em dúvida se assumia a posição vaga. Aquela útil hora de assessoria amigável continuou durante o almoço.

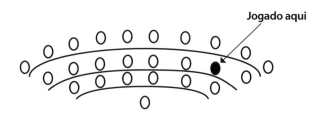

Sozinho em um silo de desenvolvimento

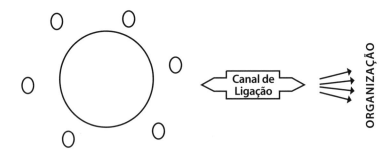

- **Troca gerencial.** Mayur Vora dirigia uma empresa de geleias e gelatinas em Pune, Índia, e Françoise Le Goff era o número dois no gabinete africano da Federação Internacional da Cruz Vermelha em Genebra. Eles fizeram a primeira *troca gerencial*, na qual os gestores da IMPM se reúnem em pares e passam boa parte da semana no local de trabalho um do outro. No início da troca, Mayur havia visto Françoise digitando e perguntou: "Uma secretária não pode fazer isto?" Bem-vindo à mentalidade global: Genebra não é Pune. (É por isso que a chamamos de "mundana" em vez de "global": o IMPM se trata de entrar no mundo de outras pessoas para entender melhor o seu próprio). No último dia, Mayur disse a Françoise que ele ficaria feliz em reunir-se com qualquer outra pessoa de sua equipe. Todos eles se enfileiraram para comunicar a ele suas impressões sobre o estilo de gestão dela. Françoise relatou que Mayur "foi como um espelho para mim".

- **Equipes de IMPacto.** Pedimos aos gestores do programa que criem equipes de IMPacto ao voltar para o trabalho. O objetivo é levar o aprendizado às suas organizações para gerar mudança. Já foi dito para jamais enviar uma pessoa mudada de volta para uma organização não mudada. Mas, em programas de desenvolvimento gerencial, nós sempre mandamos. Os participantes deveriam estar mudando suas organizações como consequência de mudarem a si mesmos. Em uma empresa pequena que enfrentava sérios problemas, um participante do IMPM teve que juntar os cacos. Ele formou uma dessas equipes, que, segundo ele, salvou a empresa.

O MBA é bom contanto que seja reconhecido por aquilo que faz de melhor, ou seja, treinar as pessoas para determinados empregos especializados em empresas, mas também pelo que faz mal, ou seja, preparar as pessoas para gerenciar. Além do MBA, é hora de uma formação de *gestão*.[54]

Não Fique Apenas Sentado Ali...

Esta história foi escrita juntamente com Jonathan Gosling

Imagine uma reunião do conselho com o presidente olhando para trás, impedido de falar até o final. Imagine uma conferência com *ouvintes* principais em vez de palestrantes principais. Imagine gestores sentados em círculo para "mostrar e contar", como faziam no jardim de infância. Tudo isso parece bobo?

Temos feito estas coisas bobas há anos em nossos programas de desenvolvimento gerencial com muito sucesso. As pessoas ouvem melhor, falam com mais cuidado e abordam problemas com mais eficiência. Em vez de simplesmente ouvir os "palestrantes", ou ao menos não ouvi-los enquanto espera para falar, ou então aguentar uma reunião onde todos tentam falar ao mesmo tempo, utilizamos um local com uma disposição diferente dos assentos. O que encoraja a discussão aberta e o desenvolvimento — dentro e além de nossas salas de aula.

Quando estávamos criando a IMPM, Nancy Badore perguntou: "Como vamos dispor seus assentos?" Ela havia desenvolvido um programa novo para os executivos da Ford e estava nos ajudando a pensar sobre o nosso.

"Suponho que como uma daquelas salas de aula em formato de U?", veio nossa resposta.

"Não aqueles estribos obstétricos!" Nancy disparou. Nós entendemos! Com isso nós começamos — sem jamais olhar para trás (exceto quando a classe *nos* pediu para olhar para trás e ser um pouco ouvintes principais).

Metade do tempo destinado a conversas na mesa. Decidimos que os gestores em nossas salas de aula sentariam-se em pequenas mesas redondas em uma sala plana, onde passariam metade do tempo de aula aprendendo uns com os outros. Sem a necessidade de separarem-se. É claro que eles podem aprender com os docentes, mas dificilmente menos do que aprenderiam uns com os outros. Mesas redondas transformam uma porção de participantes individuais em uma comunidade de aprendizes sociais.

Mostre e conte em um grande círculo. Em plenários após as discussões em mesa, costumávamos fazer o que a maioria dos programas faz: pedir as melhores ideias de cada mesa — aquela temível rodada. Então, um dia, um novo colega pediu que todos se sentassem em um grande círculo, inclusive ele mesmo. Aconteceu uma ótima discussão de mostre e conte. No dia seguinte, outro colega os colocou em círculo novamente, mas ficou em pé, como se dissesse, *eu lhes darei permissão para falar, vocês dirigirão seus comentários a mim, e eu darei alguma resposta inteligente.* (Professores precisam professar.)

No dia seguinte àquele, um de nós ficou em pé no círculo novamente e anunciou, "estou no comando" — e saiu. Retornando depois do plenário, a classe lhe disse que da próxima vez ele deveria tomar seu lugar no círculo como todos os outros.

Escuta-chave. Que tal isto: faça uma pessoa em cada mesa virar-se para escutar a conversa sem falar — ser um ouvinte-chave — e depois fazer estas pessoas relatarem no plenário o que ouviram. Afinal, bons gestores não precisam ser bons ouvintes?

O círculo interno. Às vezes, reunimos esses ouvintes no centro do plenário, todos olhando uns para os outros em um pequeno círculo, para conversarem sobre o que ouviram. Todos os outros, em um círculo maior ao redor deles, ouvem. Na verdade, todos os outros se tornam os ouvintes daquilo que acabaram de dizer.

Tocando para entrar e sair. Depois que aqueles no círculo interno falam o que tem a dizer e alguns outros estão ansiosos para incluir algo, podem tocar alguém de dentro e substituí-lo. A discussão continua; na verdade, ela é renovada. Aqui temos algo muito fascinante: uma conversa contínua e renovável, com poucas pessoas por vez, onde todos estão envolvidos, mas ninguém está no comando. Uma vez, quando recebemos a visita de um jornalista do *New York Times* durante a aula da IMPM, nós o colocamos no círculo interno. O problema foi que ninguém ousou tocar nele para que saísse![55]

Além das salas de aula. Tudo isto pode parecer bom para gestores e professores que se divertem em aula, mas raramente precisa parar ali. Já tivemos ouvintes principais que substituíram palestrantes principais em grandes conferências. Temos conversas probatórias em salas com 200 pessoas em mesas redondas, dizendo, ao final de um workshop, "rápido, aponte alguém na sua mesa que teve uma ideia muito boa", e então pedindo que os alvos venham à frente e a expliquem. Um participante descreveu este exercício como sendo um "ótimo jeito de transformar uma grande reunião em uma série de conversas significativas".

E para dentro de escritórios gerenciais. Ainda não conseguimos que presidentes de grandes corporações mudem de atitude em reuniões do conselho (talvez porque estejam muito ocupados mudando suas empresas). Mas imagine se tudo isso fosse levado ao local de trabalho: mesas redondas, reflexões, escutar, círculos grandes e pequenos. Ou não imagine — pergunte ao

Carlos, que experimentou sentar-se em um de nossos outros programas (embaroundtables.com, uma experiência similar, mas por uma semana. Conteúdo em inglês). Quando retornou à Cidade do México, ele instalou uma mesa redonda no chão da sua fábrica e nos enviou uma foto por e-mail com o comentário, "nós a utilizamos muito" quando há a necessidade de refletir sobre um problema difícil.

Treinando a nós mesmos ao redor de uma mesa. Então veio outra iniciativa, chamada CoachingOurselves.com [Conteúdo em inglês], que dispensa professores, salas de aula e conferências. Os gestores se reúnem em seu próprio local de trabalho, em uma ou mais equipes, cada uma em torno de uma mesa, a fim de realizar um desenvolvimento faça-você-mesmo. Cada equipe faz o download dos slides de um módulo específico (por exemplo "Pontos Cegos Estratégicos", "Desenvolvendo Nossa Organização como Comunidade" e "Elaborando a Estratégia"), relaciona o material à sua experiência comum e leva adiante os insights que desenvolveram para melhorias dentro da organização.

Mude como e onde os gestores sentam-se, e o desenvolvimento gerencial pode tornar-se desenvolvimento organizacional.[56]

CINCO

Histórias em Contexto

Ano após ano, pessoas preocupadas e inquietas me procuravam com predações terríveis causadas pela guerra. Eu as neguei todas as vezes. Estive errado em apenas duas.
— Pesquisador do British Foreign Office, 1903-1950

Gerindo Empresas Familiares

Sou fã de empresas familiares, mas seria ótimo se resolvessem seus problemas de sucessão. Suspeito de filhos que seguem os passos dos pais na empresa e suspeito ainda mais dos pais que insistem para que eles o façam, sem mencionar os que ignoram as filhas. (Retornarei a isso.) Empresas familiares precisam tecer suas teias de sucessão de forma ampla, e também além do mercado de ações.

Seguindo os Pais

Meu pai era um empreendedor suficientemente bem-sucedido. Ele construiu um negócio na indústria do vestuário que nos proporcionou um estilo de vida confortável. Eu nasci declarando que jamais trabalharia para meu pai. Então, quando chegou a hora, tornei-me um acadêmico e ele vendeu a empresa.

Muitas crianças com as quais cresci em Montreal também foram criadas em famílias empreendedoras, mas nasceram de forma diferente. Elas foram trabalhar no negócio da família quase automaticamente. Algumas saíram-se bem, enquanto uma ou outra fez a empresa se desenvolver bastante. No entanto, a maioria sustentou o negócio o máximo que pôde ou acabou afundando-o. E algumas enfrentaram rivalidades com parentes que as tiraram da empresa, resignando-se em viver dos rendimentos da herança. No geral, o histórico não é bom: entre todas as empresas que conheci quando cresci — algumas bastante proeminentes — poucas continuam.

Essa trajetória é famosa: a primeira geração faz, a segunda geração sustenta e a terceira geração destrói. O exemplo mais proeminente dessa trajetória de minha juventude em Montreal foi a maior empresa de uísque do mundo, a Seagram's, fundada por Samuel Bronfman, que chegou a ser considerado a pessoa mais rica do mundo. Seu filho Edgar levou a sede para Nova York, onde a manteve até que seu filho, Sam Júnior, apaixonado por cinema, conseguiu acabar com o império.

Ser filho de um gênio dos negócios, ou até mesmo herdar as riquezas de um, jamais transformou ninguém em um gênio dos negócios. E também não confere necessariamente a engenhosidade e energia necessárias para dirigir uma empresa familiar promissora. Mas estar cercado de bajuladores conscientes daquela riqueza transformou muitos descendentes em arrogantes fracassados. Tenho muito respeito pelos empreendedores que construíram e amam suas empresas, mas não pelo que costuma acontecer depois.

Entra Fred. Ele me contatou do nada, vindo de Singapura para conversar sobre gestão e comuniderança. Quando descobri que Fred era o chefe da terceira geração da grande empresa de transportes de sua família, pensei, *Putz, mais um desses, não!*

Ao bom estilo familiar, Fred apareceu com sua filha, seu irmão e uma assistente. Assim que o vi, minha impressão mudou: Fred não parecia fazer parte da terceira geração. Nos demos bem logo de cara, fomos jantar e depois passeamos pela cidade. Fred é um cara divertido. Então qual é a história?

Segundo Fred, ele também estava determinado a não trabalhar para seu pai. Então, quando era jovem em Singapura, pegou dinheiro emprestado, foi para a Malásia, fez fortuna e voltou para comprar todas as empresas da família — uma a uma! Isto é um empreendedor! Fred não queria passar por todo o processo com os irmãos, então, na verdade, ele comprou suas partes — por meio do pai.

Culpe os Pais

Agora, vamos pensar na sucessão pela perspectiva do pai. Por que tantos empreendedores espertos são tão burros no que diz respeito à sucessão? Por que eles são tão decididos a passar o bastão para seus filhos, geralmente o homem, custe o que custar? É como jogar roleta russa com cinco balas no cilindro de seis.

Um estudo há alguns anos sugeriu que a personalidade empreendedora costuma desenvolver-se em famílias com mães fortes e pais fracos — pais preguiçosos, bêbados ou simplesmente ausentes.[57] Isso nem sempre é assim, mas é bastante comum. Talvez o filho mais velho se torne o pai substituto na casa, forte e competente, a pessoa que assume a responsabilidade — traços nada ruins para um empreendedor. Então, quando conheço um empreendedor que pretende que seu filho o suceda, pergunto: "Seu pai foi um grande empresário?" Geralmente não. "Então o que o faz pensar que seu filho será?"

Jogando a Rede mais Longe

Não me entenda mal: às vezes o cilindro vazio é o que recebe o disparo. Aprender o negócio com um pai dedicado pode ser uma forma de treinamento profunda. E ainda mais nos dias de hoje, existem filhas que são sucessoras naturais e interessadas, talvez até mais por causa de um relacionamento diferente com seus pais. Por exemplo, os pais podem estar mais propensos a ouvi-las. Isso sugere que os filhos possam ser sucessores mais naturais de mães empreendedoras?

A rede também pode ser jogada mais longe. Sobrinhos foram significativamente responsáveis pelo grande sucesso da DuPont. Esses parentes oferecem mais opções de sucessão, e foi um genro que tornou a Marks & Spencer uma grande empresa; também a Bombardier, ao menos enquanto gerida pelo genro, se não, mais tarde, por seu filho. (Veremos — por enquanto, não está indo tão bem.) Talvez algumas filhas estejam propensas a se casarem com um homem semelhante a seus pais.

O que eu gosto em muitas empresas familiares é seu espírito, sua alma, demonstrados pelo profundo respeito pelos clientes e funcionários. Isso nem sempre acontece — algumas empresas empreendedoras são o oposto. Mas, nas outras, os empregados são vistos como parte da família. Há algo precioso acerca do legado de uma família — para que não só a família tenha segurança, mas também os funcionários e a economia.

Entretanto, isso não soluciona o problema da sucessão. O que fazer quando é hora de o fundador sair e não há um descendente capaz para tomar seu lugar? Hoje em dia a resposta é uma OPI — uma oferta pública inicial no mercado de ações. Costuma ser uma péssima resposta, ao menos quando se pretende manter aquele espírito. Nada é capaz de destruí-lo mais rápido do que um bando de acionistas e analistas mercenários cujo único valor é o Valor Acionário — a busca incessante por uma cotação mais alta das ações.

Existem alternativas à OPI, às quais retornarei em outra história. É suficiente concluir aqui que uma economia vibrante é desenvolvida por pessoas que constroem, não que sobrevivem; e uma sociedade democrática é reforçada por pessoas que obtêm sucesso por sua própria capacidade, e não por alguma herança. Precisamos de pessoas que criam seus próprios caminhos, mesmo que isso signifique voltar para comprar a empresa da família.

Global? Que tal Mundano?

Este globo é na verdade uma bolha de sabão. (O nosso também?)

Precisamos de mais globalização neste globo? Que tal mais mundanização neste mundo?

Em nosso International Masters Program for Managers, o módulo de 10 dias de mentalidade mundana (apresentado em uma história anterior) é destinado aos problemas sociais, políticos e econômicos em torno das empresas. Nós o chamamos dessa forma porque queremos que os gestores saiam de nosso programa mais mundanos de forma pessoal do que globais de forma banal. O termo global implica uma certa conformidade padronizada — todos internalizando o mesmo conjunto de crenças, técnicas e estilos. Seria este um modo de promover a inovação exigida por muitas empresas? Deveríamos estar celebrando a singularidade dos gestores, não sua similaridade.

Veja estas definições das duas palavras segundo o *Pocket Oxford English Dictionary*:

global adj 1 mundial... 2 abrangente.

mundano adj 1 das questões do mundo, temporal, terreno... 2 experimentado em vida, sofisticado, prático.

Global pode ser "integral", acerca de todo o globo, mas *mundano* é "terreno", unindo o "sofisticado" ao "prático". Para repetir o que merece ser repetido, o panorama geral não precisa ser definido no alto; pode ser melhor construído de experiências na base.

A mentalidade mundana acontece, não por coincidência, no Indian Institute of Management, em Bangalore. A Índia é outro mundo para os gestores não indianos no programa; de fato, em alguns aspectos, a Índia é de outro mundo. Quando cheguei para a primeira turma desse módulo, ao sair do aeroporto, dividi um táxi com Jane McCroary, uma gestora americana que trabalhava na Lufthansa. A julgar por sua reação àquela corrida, foi bom não estarmos em um autorriquixá! Alguns dias depois, ela perguntou a um dos professores: "Como é possível dirigir nesse trânsito?"

Ele respondeu placidamente: "Eu apenas sigo o fluxo"; Bem-vinda à mentalidade mundana! Não é o caos lá fora, apenas outro mundo, com uma lógica própria.

Nesse módulo, os gestores não são espectadores fazendo turismo em um país estrangeiro. Eles são recebidos por colegas nativos, da mesma forma que eles recebem esses colegas em seus próprios países. Mais recentemente, no módulo de Bangalore, a Professora Srinivasan começou sua apresentação sobre a Dimensão Cultural de Fazer Negócios com "quero que vejam isto pela minha perspectiva!" Aqui está novamente o espírito da mentalidade mundana.

Quão global é o global? Tenho perguntado a muitos grupos de gestores ao redor do mundo quantas de suas empresas realizam mais da metade de suas vendas para fora de seu país sede. Você ficaria surpreso com quantas não o fazem. Pense na quantidade de atividades relacionadas a varejo, bancos, alimentos e imóveis que são locais.

Ainda mais, a sede de muitas empresas "globais" é povoada por pessoas cuja mentalidade é decididamente local. E isso pode incluir os CEOs, independentemente de quantas viagens internacionais eles tenham feito. As empresas não precisam de gestores que viajam pelo mundo para espalhar as notícias locais. Seja no corredor ou pelo mundo, as empresas precisam de uma perspectiva mundana, promovida por gestores que valorizam mundos diferentes, no espírito destes famosos versos do poema "Little Gidding", de T. S. Eliot:

> **Não cessaremos nunca de explorar**
> **E o fim de toda a nossa exploração**
> **Será chegar ao ponto de partida**
> **e conhecer esse lugar pela primeira vez.**[58]

Quem Seria Capaz de Gerir um Hospital?

Existem grandes discussões acerca de quem deveria gerir hospitais e outras instituições de cuidados médicos.[59] Deveriam ser os médicos? Enfermeiras? Gestores profissionais? Os médicos favorecem a cura, a enfermeiras sabem cuidar, e os gestores profissionais exercem controle — mas quem sabe todos os três? Portanto, existe uma razão para rejeitar todos esses candidatos. Eu rejeito a pergunta em si.

Gestores profissionais, ou seja, pessoas supostamente qualificadas a gerenciar tudo, têm sido alvo de muitas outras histórias neste livro. Ser formado nas abstrações da administração não prepara ninguém para as situações estressantes da prática.

Como a gestão, ao contrário da medicina, utiliza pouca ciência, não é uma profissão. Ou, colocando de outra forma, como as doenças das organizações e as receitas médicas para seu tratamento não foram especificadas de forma confiável, a gestão tem que ser praticada como uma arte, baseada em experiência e, como arte, depende de insights. A compreensão visceral tem um peso muito maior que o conhecimento cerebral.

Bem, se não forem os gestores profissionais, que tal os médicos? Eles obviamente têm compreensão visceral das operações, mais a autoridade para serem ouvidos. Além disso, os hospitais não se resumem fundamentalmente à medicina? Sim a todas as perguntas acima. Mas a gestão de instituições de cuidados médicos envolve mais do que saber medicina. Na verdade, existem razões para crer que a prática da medicina é a antítese da prática da gestão.

Médicos são treinados para atuarem principalmente sozinhos, de forma individual e decisiva. Sempre que um deles examina um paciente, toma uma decisão explícita, ainda que seja não fazer nada. A tomada de decisão na gestão não é apenas mais ambígua, mas também mais colaborativa. Há alguns anos, apareceu um desenho que mostrava diversos cirurgiões em torno de um paciente anestesiado, com a legenda *Quem abre?* Na gestão, esta é uma pergunta séria! Some a isto o fato de que a medicina tende a ser intervencionista, principalmente sobre curas pontuais em vez de cuidados contínuos; que geralmente se concentra em partes e não no todo; e que prospera com base na ciência e em evidências, e que é preciso preocupar-se com médicos gerindo hospitais.

Restam as enfermeiras. Sua prática costuma ser mais visceral, engajada, colaborativa e, seguramente, mais próxima ao paciente em seu todo como pessoa. Além disso, seu trabalho envolve mais um cuidado contínuo do que uma cura intermitente, além de estarem acostumadas trabalhar em equipe. Então, algumas enfermeiras poderiam estar mais preparadas para gerir hospitais. Claro — mas como fazer os médicos aceitarem a gestão das enfermeiras?

Assim, a conclusão parece ser evidente: é impossível que alguém consiga gerir um hospital! Gerenciar até mesmo uma corporação complicada pode parecer brincadeira de criança em comparação à gestão de um hospital geral: os médicos enérgicos, as enfermeiras assediadas, os pacientes doentes, as famílias preocupadas, os investidores determinados, os políticos presunçosos, os custos cada vez mais altos e as tecnologias cada vez mais rápidas — tudo incorporado a eventos de vida e morte.

Ainda assim, as pessoas conseguem gerir hospitais e outras instituições de cuidados médicos, muitas vezes com bastante eficiência. Então, além da resposta perceptível à nossa pergunta está a resposta óbvia: pessoas, não categorias, precisam gerir hospitais. Conheci médicos que eram renomados diretores de hospitais. (Um dos diretores de hospital mais respeitados de Montreal era um obstetra com MBA.) Da mesma forma já vi enfermeiras incrivelmente impressionantes gerindo hospitais — e imagine quantas mais não haveria caso tivessem a oportunidade.

Minha própria preferência é por pessoas que tenham trabalhado nas operações antes de chegar à gestão, quer seja como enfermeira, médico, assistente social ou outras especialidades. Quanto mais longe a rede for lançada, maiores as chances de sucesso.

Gerindo o Governo, Governando a Gestão

O governo definitivamente precisa ser gerido, mas a gestão também precisa ser governada. Ela não pode simplesmente ser livre em serviços públicos, especialmente na forma da Nova Gestão Pública que imita práticas empresariais da moda. O governos não precisam ser comandados como empresas mais do que as empresas precisam ser comandadas como governos.

Essa Nova Gestão Pública não é tão nova assim; começou no governo de Margaret Thatcher no Reino Unido dos anos de 1980. Porém, para muitas pessoas influentes atualmente, a velha Nova Gestão Pública continua sendo a "única melhor forma" de gerir o governo.

Conforme dito anteriormente, não existe uma melhor forma de gerir qualquer coisa. Acreditar que existe causou grandes danos a muitos departamentos governamentais, bem como a hospitais e ONGs, sem contar as próprias empresas, muitas das quais adotam práticas da moda que desencorajam a inovação, destroem a cultura e desmotivam os funcionários. (Para saber mais sobre isto, leia o restante do livro.)

Em sua essência, a Nova Gestão Pública busca (a) isolar os serviços públicos de modo que (b) cada um possa ser dirigido por um gestor individual, que é (c) responsável por medidas quantitativas de desempenho enquanto (d) trata os destinatários destes serviços como "clientes". Vamos dar uma olhada nisso tudo.

Eu sou um cliente do meu governo? Não, obrigado! Eu não compro serviços policiais e diplomáticos em uma relação distante em um mercado que segue regras de *caveat emptor* ("o risco é do comprador"). Será que devo mesmo ser chamado de "cliente" para ser tratado com respeito? Veja como alguns bancos e companhias aéreas tratam seus clientes hoje em dia.

Sou um cidadão que tem todo o direito de esperar mais do que um mero cliente. Afinal, esse é meu governo. Também sou súdito — seja formalmente em um reino ou em uma república — pois tenho responsabilidades para com meu estado. Por exemplo, enquanto escolho esvaziar minha bandeja no McDonald's, posso ser multado por jogar lixo na rua se deixar restos em um parque público. E os soldados convocados em tempos de guerra: eles são clientes do exército? E os criminosos: eles são clientes das cadeias? É verdade que posso ser cliente da loteria, mas os governos não têm nada a ver com minhas apostas. Fingir ser uma empresa barateia o governo.

Os serviços governamentais podem ser isolados uns dos outros, e também da influência política, de modo que seus gestores possam ser responsabilizados por seu desempenho? Claro, às vezes — de volta à loteria estadual. Mas, e quanto à defesa e à diplomacia? A Johnson & Johnson pode ter um gestor de marca para o Tylenol e outro para o Anusol, mas um governo pode ter um gestor de marca para travar uma guerra e outro para negociar a paz? Pode haver indivíduos designados a realizar a essas tarefas, mas suas responsabilidades podem ser isoladas e os resultados atribuídos a qualquer pessoa? As atividades do governo podem ser incrivelmente interligadas — às vezes de forma exagerada.

Além do mais, seria fácil separar a criação da administração de políticas para serviços públicos? É claro que os políticos eleitos precisam ser impedidos de interferir, especialmente onde possa haver corrupção. Mas será que podem continuar alheios quando, por exemplo, acontecem protestos nas ruas acusando a polícia de abuso?

É muito fácil imaginar que a superestrutura planeja e as microestruturas executam, permitindo assim que os políticos moldem suas leis de forma concreta para que sejam fielmente executadas pelos funcionários públicos. Ainda mais que as empresas, os governos com todas as suas ambiguidades precisam *aprender* suas estratégias ou políticas mais do que *planejá-las*. Se ao menos nossas estruturas políticas permitissem isso. Para que novas leis funcionem, é imprescindível que as pessoas em campo que precisam lidar com suas consequências se adaptem, independentemente do quanto isso seja politicamente inadequado.

Até que ponto podemos confiar em medições de desempenho no governo? A mensuração foi adotada com fervor religioso na Nova Gestão Pública. Veja o dano que isso causou à educação de nossas crianças, na prestação dos cuidados médicos e muito mais.

É claro que precisamos mensurar o que pudermos, contanto que não finjamos que tudo que importa pode ser medido. Na verdade, muitas atividades estão no governo exatamente *porque* não possuem medições simples de desempenho. Se não pudéssemos gerir o que não podemos medir, teríamos que fechar o governo.

Então, da próxima vez que um funcionário público chamá-lo de cliente ou lhe impuser alguma métrica artificial, que você encontrar um "CEO" em um departamento governamental ou que um candidato a algum cargo político alegar que o governo precisa ser comandado como uma empresa, diga a essa pessoa que você tem a história ideal para que ela leia.[60]

SEIS

Histórias sobre Responsabilidade

Fiquei em pé para ser contado e me mandaram pegar uma senha.
—Anônimo

A Carta de um CEO ao Conselho — urgente

Caros diretores,

Escrevo a vocês com uma proposta que pode parecer radical, mas é, na verdade, conservadora. Isso porque minha principal responsabilidade como CEO desta empresa é conservá-la como um empreendimento saudável. Hoje, vocês me pagam tanto que não posso mais gerir esta empresa como deveria. Por meio desta, solicito que cortem meu salário substancialmente e eliminem todos os meus bônus.

Temos conversado muito sobre trabalho em equipe nesta empresa — que nosso pessoal está nisso junto. Então, por que sou isolado em virtude de minha remuneração? Os bônus são a pior parte. Como todos nesta empresa, estou sendo pago para fazer meu trabalho adequadamente. Por que eu deveria ser pago a mais por fazer um bom trabalho? Se acredito nesta empresa, comprarei suas ações. Se não, preciso me demitir. A suposição errada por trás destes bônus é que, como CEO, faço tudo isso.

Tenho recebido mensagens de ódio dos funcionários por causa de meu salário. Isso é muito desconcertante, mas o mais preocupante é que não tenho uma resposta razoável para lhes dar, além de alegar que devo ser centenas de vezes mais importante do que eles. Isto não é liderança. Não é o jeito certo de comandar uma empresa.

Discutimos bastante sobre o futuro desta empresa no longo prazo em nossas reuniões do conselho. Por que, então, estou sendo recompensado por ganhos de curto prazo nos preços das ações? Todos vocês sabem perfeitamente que posso utilizar todo tipo de manobra para elevar esse preço, em benefício de meus bônus, enquanto prejudico um futuro sustentável.

Desde que iniciamos esse absurdo de Valor do Acionista, nossa cultura foi para o espaço. Os empregados de linha de frente me dizem que isso atrapalha o atendimento a nossos clientes: eles são forçados a ver cifrões por aí, e não pessoas. Consequentemente, muitos deles já não se importam mais. Como um funcionário me disse recentemente: "Com toda essa contagem, já não contamos mais. Então, por que devemos nos importar?"

Sempre me orgulhei de ser alguém que assume riscos; essa é uma das razões pelas quais vocês me colocaram nesta posição. Assim, como posso ganhar muito dinheiro quando as ações sobem, mas não preciso devolver nada quando elas caem? Quanto risco! Quer saber? Cansei de ser um hipócrita.

Conheço a desculpa que temos usado até então: que estou sendo recompensado para acompanhar os CEOs de outras empresas. Isso me torna um seguidor, não um líder. Chega dessa cumplicidade com um comportamento que sabemos que é ultrajante. Meu salário não deveria ser um tipo de troféu externo, mas sim um sinal interno de uma cultura que estamos tentando construir.

Então, por favor, ajudem-me a concentrar-me em gerir esta empresa da forma que ela deve ser gerida.

Atenciosamente,
Seu CEO

Alguns Jogadores

O jogo de aposta é uma metáfora popular entre alguns CEOs — "dobrar a aposta" e coisas assim. Então considere esta forma específica de aposta.

1. **CEOs apostam com o dinheiro de outras pessoas.** Esse é um ótimo trabalho, se consegui-lo.
2. **CEOs apostadores não recolhem o dinheiro quando ganham, mas quando parecem estar ganhando.** Apesar de demorar para reconhecer uma boa mão, CEOs apostadores recolhem o dinheiro no meio do jogo. É como pegar o pote com um par de ases na mesa enquanto o restante da mão continua fechado.
3. **CEOs apostadores também recolhem o dinheiro quando perdem.** Isso, lhe garanto, não acontece nas apostas de verdade, que ainda precisam adotar o paraquedas de ouro — a recompensa pelo fracasso.
4. **Alguns CEOs apostadores recolhem o dinheiro por simplesmente dar as cartas.** Não é preciso sequer mostrar aqueles ases. Alguns CEOs que não são tão bons em gerir suas empresas são excelentes em gerir suas remunerações — por exemplo, ao receber um bônus por assinar uma grande aquisição muito antes de alguém saber se vai dar certo. (A maioria não dá.)
5. **CEOs apostadores também podem recolher dinheiro por estar na mesa.** Essa extravagância é chamada de "bônus de retenção". Esses CEOs não só recebem para fazer o trabalho, como também recebem para não abandonar o emprego. Este sim é um trabalho *muito* bom, se consegui-lo.

"Downsizing", a Sangria do Século XXI

Saia da minha frente!

Até dois séculos atrás, a sangria era um tratamento comum para todo tipo de doença. Quando os médicos não sabiam mais o que fazer, extraíam sangue, muitas vezes matando o paciente. Hoje temos mais sabedoria, ao menos na medicina.

Mas não em gestão. A sangria aqui é feita como uma represália. Executivos corporativos que não sabem o que fazer demitem grandes quantidades de funcionários, matando assim a cultura de suas empresas e sociedades. Isso acontece sob o nome civilizado de *downsizing,* apesar do caos que impõe à vida das pessoas. O fato de todos empregarem essa medida faz com que seja correta? Isso é liderança?

O downsizing é popular porque é fácil. Basta sentar-se no topo de uma hierarquia e pensar em um número que termine em três zeros — por exemplo, 5 mil. Deixe a parte difícil e a culpa para a média e baixa gerência que precisam converter esses zeros em vidas prejudicadas. João e Maria não fizeram nada de errado, além de trabalhar para a empresa errada. Mas eles devem sair pela porta, carregando a angústia por si mesmos e por suas famílias enquanto a empresa segue não tão feliz.

Quanto àqueles recursos humanos que restaram, eles precisam trabalhar muito mais para compensar pelos colegas que partiram, provavelmente com salários menores naquela função. Ao menos até que eles sucumbam. Adivinhe o que acontece com o orgulho de seu trabalho, o comprometimento com a empresa e o respeito por seus clientes. Mas quem são eles para reclamar? Eles deveriam ser gratos por ter um emprego em meio a essa economia, mesmo que isso signifique serem subjugados por essas mesmas práticas. Então eles se sujeitam — afinal, eles podem ser os próximos. Você consegue imaginar uma melhor forma de aniquilar uma economia empresarial?

É claro que as empresas que estão com problemas sérios precisam salvar-se, ainda que isso signifique eliminar alguns postos para preservar outros. Porém, a maioria do downsizing não tem nada a ver com isso, e sim com garantir o bônus de executivos abastados. O cheiro de uma empresa perdendo-se nos números atrai os lobos de Wall Street, ladrando na porta em busca dos ossos dos funcionários. Jogar-lhes alguns diminui os custos de modo que os lucros voltem a subir — ao menos por tempo suficiente para que aqueles que estão atentos vendam suas ações e corram.

Como é possível que milhares de funcionários repentinamente tornem-se desnecessários? Ninguém tinha percebido essa folga algumas semanas antes? Quem estava gerenciando a empresa, afinal? Provavelmente, as mesmas pessoas que agora estão considerando o downsizing. Isso por si só já é prova de sua incompetência: eles estão mascarando o problema que criaram ou ignoraram — mas não o estão resolvendo. Portanto, são os defensores do downsizing que deveriam sofrê-lo, os executores que deveriam ser executados.

Uma Historinha dentro Desta História

Há alguns anos, disseram ao editor de uma divisão de um grande conglomerado editorial que ele, como seus colegas das outras divisões, tinha que cortar 10% de sua equipe. Ele protestou, lembrando que sua divisão estava saindo-se bem, não tinha funcionários ociosos e, na verdade, tinha recebido a promessa de aumento do pessoal. Não havia folga ali; ele teria que cortar na carne.

Então ele foi levado perante o chefe de todos os chefes (um editor famoso, que depois acabou literalmente indo longe demais). Esse grande homem lhe disse pessoalmente que, caso ele não demitisse aqueles 10%, ele próprio seria demitido. Ele se recusou e foi demitido — punido por uma gestão eficiente, digamos assim.

Aquele editor decidiu criar uma nova empresa, que fosse comandada da forma como ele acreditava que uma editora deveria ser. Ela tem sido um tipo de lenda no setor: seus funcionários acreditam nos livros acima das vendas, em causas acima do Valor do Acionista, nas ideias dos autores acima de suas reputações. O lugar é comandado como uma comunidade de seres humanos comprometidos, então as pessoas ficam e são entusiastas. Quando a empresa decidiu arrecadar dinheiro, emitiu algo que se pode chamar de OIA — uma oferta inicial para autores (para outros acionistas também). Todos os autores tiveram a oportunidade de comprar ações — e 60 de nós o fizeram. Nenhum lobo de Wall Street ladra nessa porta. No dificílimo ramo editorial, a Berrett-Koehler continua saindo-se bastante bem. É a editora original deste e de meus outros cinco livros.

Produtividade Produtiva e Destrutiva

Sou um canadense que, anos atrás, cansou-se de ouvir os economistas dizendo o quão improdutiva era nossa economia. Tínhamos que ouvir isto enquanto nossa economia andava excepcionalmente bem, obrigado, muito melhor que a economia excepcionalmente produtiva dos EUA. Pode haver algo improdutivo na produtividade?

Sim, pode. Existem dois tipos de produtividade: uma produtiva, a outra destrutiva. O problema é que os economistas não sabem a diferença entre elas.

Os economistas mensuram a proporção entre resultados produtivos e fator de produção, e quando ela sobe eles declaram um aumento na produtividade. A suposição é de que os trabalhadores foram melhor treinados, ou de que foram compradas máquinas superiores, ou que foram implementadas práticas melhores. Este pode ser o caso em certa porção da produtividade, mas não em toda, nem de longe. O lado improdutivo vem crescendo.

Enquanto os economistas estudam estatísticas nas nuvens, as empresas empenham-se nas práticas em terra. As estatísticas podem ser perigosas quando seus usuários não compreendem de onde elas vieram. Veja este exemplo não tão hipotético.

Você é o CEO de uma empresa industrial e está determinado a torná-la a mais produtiva de todas. Aqui está o que fazer: demitir todos os funcionários da fábrica e enviar os pedidos dos clientes com o que estiver no estoque. As vendas continuarão enquanto o custo de mão de obra cai. Pergunte a qualquer economista: isto é produtivo! Também é ótimo para a empresa, até, obviamente, acabar o estoque.

Existem modos menos drásticos de conseguir este tipo de produtividade. Corte a pesquisa. Reduza a manutenção. Diminua a qualidade. Todos economizam dinheiro imediatamente, mesmo que acabem destruindo a empresa. O melhor de tudo é que estas soluções são rápidas e fáceis, diferente de treinar funcionários, melhorar processos e desenvolver produtos.

Some todas essas estratégias de todas as empresas e terá uma economia que está ficando sem estoque — e uma sociedade que está ficando sem tempo.

O Escândalo Que É uma Síndrome

"O que a Volkswagen estava pensando?" A pergunta veio do editor de um jornal canadense que me pediu para escrever um comentário sobre o escândalo da Volkswagen a respeito da manipulação de seus motores a diesel para driblar os regulamentos de emissão de poluentes. A pergunta fez uma grande suposição: que o pessoal da Volkswagen *estava* pensando — em alguma coisa além de sua própria ganância. Do futuro da Volkswagen. Da decência. Do planeta.

Certo, então quando você soube a respeito jurou nunca mais comprar outro Volkswagen. Talvez um Chevrolet? Seria preciso ter cuidado com a chave de ignição: elas mataram algumas pessoas. Ou que tal um Toyota? Você estaria pronto para desviar quando um air bag defeituoso viesse na sua direção?

Na Europa, nos Estados Unidos e em quase todo lugar, alguma coisa está acontecendo: um nível de corrupção que transcende a indústria automobilística. E os escândalos bancários nos Estados Unidos e na União Europeia — por exemplo, um Goldman Sachs que supostamente manipulou o mercado de alumínio reciclado para desviar US$ 5 bilhões movimentando lingotes desnecessariamente de um galpão para outro. A empresa alegou não ter infringido nenhuma lei. O problema é exatamente este.[61]

Uma companhia aérea arrastou um passageiro para fora do avião porque ele se recusou a abrir mão de um assento reservado. Outra cancelou diversos voos sob a alegação de que as pistas não podiam receber seus aviões, apenas para depois admitir que o cancelamento ocorreu "por razões comerciais". É isso que significa ser uma "empresa"?

Você enxerga um padrão?

Não é somente a criminalidade de algumas corporações e sistemas judiciais mais inclinados a encarcerar criminosos de colarinho azul em vez de branco; tem a ver com a corrupção *legal* de boa parte da atividade corporativa atual. E não somente as corporações. Existem professores universitários em conluio com indústrias farmacêuticas que cobram preços obscenos por produtos vitais. E economistas que se recusam a ver além dos mercados que apoiam esse escândalo. E que mercados! As empresas farmacêuticas estão explorando situações de monopólio, chamadas de patentes, que são concedidas por governos que não conseguem regulamentar a responsabilidade pelos preços.

E por que não o fazem? Nos Estados Unidos, a Suprema Corte legalizou o suborno. As empresas agora podem doar para campanhas eleitorais como lhes convier, em troca de favores bilionários. Portanto, as pessoas morrem pela necessidade de medicamentos que poderiam ser tão acessíveis quanto adequadamente lucrativos enquanto os investidores embolsam imensos lucros. Que tipo de sociedade tolera isso? Provavelmente aquela onde você vive.

Você enxerga o padrão agora? Não é um escândalo; é uma síndrome. Acredito que vai piorar antes que façamos algo a respeito.[62]

Por favor, Saúde a RSC 2.0

Dando um empurrãozinho na RSC.

Por que nos concentramos tanto nos sintomas de nossos problemas em vez de abordar suas principais causas? A medicina, por exemplo, dá muito mais atenção ao tratamento das doenças do que à sua prevenção. Jonas Salk apresentou uma exceção notável: em vez de tratar a pólio, ele criou uma vacina para erradicá-la.

0.0, 1.0, 2.0

O mesmo pode ser dito sobre a responsabilidade social corporativa, ou RSC. Uma corporação é considerada responsável quando cuida de problemas sociais ou ambientais. Mas imagine o quão mais responsável seria tratar a *causa* daquele problema? Encontrar uma maneira melhor de reciclar lixo é bom; reduzir a geração daquele lixo é melhor. Entretanto, o que não é bom é fazer *greenwashing* (lavagem verde): fingir ser ecologicamente correto. Isto nos leva à ISC, ou seja, irresponsabilidade social corporativa.

Hoje em dia estamos abarrotados de ISC: por exemplo, os bancos registram clientes em contas que eles nunca solicitaram, ao lado do suborno na forma de vultosos financiamentos privados de campanhas eleitorais públicas.

Vamos rotular (a) as atividades irresponsáveis como ISC 0.0, (b) a atenção responsável às condições de um problema como RSC 1.0, e (c) a abordagem substancial da causa de tais problemas como RSC 2.0. Devemos valorizar a RSC 1.0 por seu controle de danos, mas saudar a RSC 2.0 por ajudar a reverter o dano. Precisamos do máximo de responsabilidade social corporativa séria que pudermos conseguir.

Desequilíbrio como Principal Causa

Vejo o desequilíbrio da sociedade como a principal causa de muitos de nossos grandes problemas, inclusive o aquecimento global e a desigualdade salarial. Em meu livro *Renovação Radical,* identifico o ponto crítico em 1989, quando o Muro de Berlin caiu.[63]

Os eruditos ocidentais da época declararam que o capitalismo havia triunfado sobre o comunismo. Eles estavam errados. O equilíbrio havia triunfado sobre o desequilíbrio. Uma sociedade saudável equilibra o poder coletivo dos governos no setor público com os interesses comerciais das empresas no setor privado e as preocupações comuns dos cidadãos no setor plural (sociedade civil). Os regimes comunistas da Europa Oriental pendiam grandemente para o lado de seus setores públicos, enquanto os países democráticos do Oeste estavam então melhor equilibrados em todos os três setores.

Mas a crença errada de que o capitalismo triunfou em 1989 tem feito muitos países democráticos se desequilibrarem desde então em favor de seus setores privados.

O mundo corporativo nunca foi um espectador inocente nessa situação. Além do lobby nos Estados Unidos e da ISC, a promoção de combustíveis fósseis ajudou a intensificar o aquecimento global, e a demanda implacável dos mercados de ações por cada vez MAIS agravou o consumo excessivo — tudo isso enquanto o salário de muitos trabalhadores era reduzido juntamente com suas proteções. Em muitos casos, o Valor do Acionista se tornou o *único* valor.

A Solução Empresarial?

Uma solução comum entre os executivos é consertar o capitalismo. Assim, vemos todo tipo de proposta para o que pode ser chamado de "capitalismo adjetival": por exemplo, Capitalismo Sustentável, Capitalismo Consciente, Capitalismo Inclusivo e Capitalismo Democrático (o substantivo é *capitalismo*, não democracia!). Sem dúvidas que "dar-se bem fazendo o bem" pode ser benéfico, por exemplo, construindo aerogeradores melhores. O problema é que hoje muitas empresas estão se dando bem fazendo o mal ou não fazendo nada. Não existe um país das maravilhas do ganha-ganha.

O capitalismo certamente precisa de alguns reparos, mas é a sociedade que precisa de conserto: para restaurar o equilíbrio ao devolver o capitalismo ao seu devido lugar, ou seja, o mercado, e fora dos espaços públicos.

Respostas Responsáveis

Então, o que empresas responsáveis podem fazer? Além da RSC 2.0, elas podem confrontar as indecências de algumas outras empresas, por exemplo, apoiando leis que as corrijam. E o setor privado precisa colaborar mais com os outros setores da sociedade, como parceiros iguais.

Então, por favor, chega de empresas como sempre foram, especialmente na forma de ISC. Além da RSC 1.0, é hora da RSC 2.0 — hora de todos nós cidadãos e vizinhos, dentro e fora das empresas, nos tornarmos mais ativamente responsáveis.

SETE

Histórias para Amanhã

Isto não é o fim. Não é sequer o começo do fim. Mas é, talvez, o fim do começo.

—Winston Churchill, 1942

O Poder Extraordinário da Criatividade Ordinária

A forma da criatividade.

É emocionante ouvir o Concerto para Violino de Tchaikovsky. Quantas pessoas são capazes de tal criatividade? Mas existe outro tipo de criatividade de qual todos somos capazes. Ela é, na verdade, bastante ordinária, mesmo que seus resultados sejam extraordinários: ela já mudou o mundo algumas vezes. Tudo se resume a uma pequena reviravolta.

Deixe-me explicar com uma piada que ouvi uma vez: "Gostaria de morrer como meu avô — dormindo tranquilamente. E não como as pessoas gritando desesperadas no carro que ele estava dirigindo". Imaginamos o vovô na cama, mas, na verdade, ele estava ao volante. É uma pequena reviravolta, a base de muitas piadas.

As piadas, obviamente, não mudam o mundo. E nem o Concerto para Violino de Tchaikovsky. Porém, se você é capaz de fazer uma piada, será capaz de provocar uma pequena reviravolta, o que significa que você é capaz de mudar o mundo.

E esta pequena reviravolta? Em 1928, o médico Alexander Fleming estava pesquisando agentes antibacterianos em seu laboratório em Londres. Um dia ele percebeu que o mofo havia matado algumas bactérias em suas placas. "Engraçado", disse ele. A prática padrão seria descartar essas amostras e seguir adiante, o que Fleming realmente fez. Mas, após uma conversa com um colega, ele pegou aquela amostra do lixo, perguntando-se se aquele mofo poderia ser usado para matar bactérias destrutivas no corpo humano. Este foi o momento crucial — a pequena reviravolta. O que a princípio parecia ser lixo repentinamente se tornou uma oportunidade.

O resto exigiu muito esforço — 14 anos, na verdade — antes do que ele chamou imediatamente de "penicilina" fosse utilizado no tratamento de infecções. Ao relembrar o fato, Fleming disse: "Quando acordei logo depois do amanhecer em 28 de setembro de 1928, certamente não planejava revolucionar toda a medicina ao descobrir o primeiro antibiótico, ou destruidor de bactérias, do mundo."[64] Mas foi isso que aconteceu, e mudou o mundo — graças àquela reviravolta do lixo para a bancada, e então para o corpo.

E não se esqueça daquela pequena reviravolta na IKEA — sobre retirar as pernas da mesa, do carro para o cliente — que mudou o setor de móveis. E, aliás, aquilo também exigiu bastante esforço: disseram-me que demorou 15 anos para fazer tudo funcionar.

Talvez você nunca tenha escrito um grande concerto para violino, mas aposto que você já criou uma porção de piadinhas. Então, por que não usar esse talento para fazer algo mais sério, como mudar o mundo?

Atendimento ao Cliente ou servir ao cliente?

Sabe-se que há dois tipos de pessoas no mundo: aquelas que acreditam que existem dois tipos de pessoas e as que não acreditam. Talvez. Mas sei que existem dois tipos de empresa no mercado: aquelas que divulgam um Atendimento ao Cliente e aquelas que servem ao cliente, deixando de lado aquelas que não fazem nenhum dos dois. (Pessoas do governo: por favor, leiam isso como *serviço aos cidadãos*, que, como apontado antes, não são clientes do governo.)

Servir aos clientes não é uma técnica, não é um programa; é um estilo de vida, uma filosofia de como fazer negócios. Tratar bem os clientes porque isto lhe confere mais $ não é servir aos clientes: Quando você enxerga o $, não enxerga a pessoa. Quando você enxerga a pessoa, cobra de forma justa, obtém satisfação e faz melhor.

Coloque a empresa no mercado de ações, controlado por pessoas que não enxergam além do $$$, e veja que todos por ali pensam da mesma forma. Por exemplo, você coloca a equipe de vendas em regime de comissão, e adivinhe o que eles veem entrando pela porta: $$$. A maioria das grandes empresas começou servindo aos clientes; foi assim que elas cresceram. Admiro aquelas que conseguiram continuar servindo após abrirem o capital.

Qual é a sensação de servir aos clientes? É fácil: a de autenticidade. Não há como errar. Havia um garçom maravilhoso em um restaurante delicioso em Quebec, o mais alegre e amigável que já conhecemos. Não sei seu nome, pois ele não foi programado pelo Atendimento ao Cliente para dizer: "Olá, meu nome é Mestipho e serei seu atendente hoje!"

O Atendimento ao Cliente costuma ser alienador — como aquelas empresas que nos fazem esperar eternamente ao telefone enquanto nos dizem o quanto "Agradecemos a sua ligação!" (Tradução livre: *Nosso tempo é muito mais valioso que o seu*.) Ou aqueles anfitriões programados nas lojas da Walmart. Em uma tarde de semana gostaria que eles fossem colocados dentro da loja para limpar a bagunça das mercadorias espalhadas pelas prateleiras. E há também a boa e velha Air Canada, tão dedicada ao Atendimento ao Cliente que, quando conseguiu o monopólio do trecho Montreal–Boston, que demora menos de uma hora de voo, cobrava C$1.066 por uma passagem de última hora — só ida! (São C$2.132 por ida e volta, caso você não seja bom em matemática.) A Air Canada foi incapaz de enxergar além de todo o dinheiro que podia ganhar voando para Boston.

E isto nos leva ao Atendimento ao $Cliente$ — que trata luxuosamente apenas aqueles clientes que têm toneladas de $$. Eles são selecionados no momento em que entram, para ter certeza sobre quais dispensar. Eu disse a um vendedor da Honda: "Poderia, por gentileza, me informar seu melhor preço?" Ele respondeu: "Você está disposto a comprar agora? Senão, por que eu deveria dizer-lhe o preço? Você simplesmente irá a outra concessionária e lhes dirá nosso preço."

Que audácia a minha, querendo comparar preços para minha segunda maior compra (depois de uma casa). Então, fui a outra concessionária Honda, onde o vendedor me deu seu melhor preço logo de cara, e comprei o carro na hora. Eu não pretendia jamais voltar ao primeiro vendedor, ainda que ele me oferecesse um preço melhor.

E isso nos traz o outro lado desse cenário: *respeitar os vendedores.* Os clientes, mesmo aqueles com $$$, e que não tratam com respeito as pessoas que os servem, podem conseguir Atendimento ao Cliente, mas não merecem ser servidos como clientes. Se os vendedores não são bem tratados por seus clientes, muito menos por seus empregadores, como podem tratar com educação até mesmo os clientes educados?

Chega de MAIS: Melhor É Melhor

Chega de MAIS — todo esse excesso de produção e consumo, com todo seu desperdício e aquecimento destrutivos. MAIS está devastando nossas empresas, nossas sociedades, nosso planeta e a nós mesmos. Podemos ser *melhores*.

Criando uma Empresa

Você tem uma grande ideia e muita energia, mas não muito dinheiro. Então, com a ajuda de um banqueiro compreensivo, junto com o capital de seu próprio suor — aquelas 15 horas por dia — você constrói uma empresa, e obtém sucesso! Seus clientes estão felizes, seus funcionários são comprometidos, você se sente ótimo e a economia se beneficia. Todos ganham.

Certo, talvez você tenha feito isso para ganhar muito dinheiro, ou para ser aclamado ou para não ter um chefe. Mas, se você for um empreendedor sério, sua motivação foi mais longe: construir algo especial — uma empresa envolvente com seu próprio senso de comuniderança acima da liderança.

Entretanto, conforme a empresa cresce, você fica preocupado: *E se eu for atropelado por um caminhão?* Ou você quer crescer mais rápido do que seus recursos atuais permitem. Seus amigos do ramo financeiro o aconselham a fazer uma oferta pública inicial (OPI): saque o dinheiro ou faça-o entrar. Deixe os acionistas financiarem um crescimento mais rápido. Parece bom, então você concorda. Este é o momento decisivo.

Pegando MAIS

O primeiro sinal de problema é compreender que, enquanto você simplesmente queria mais, a intenção do mercado de ações é pegar MAIS. Ele não se importa com suas ideias, seus ideais, seus clientes, ou seus funcionários, exceto como meios de crescimento contínuo e unidimensional do Valor do Acionista. Você descobre que isto não tem nada a ver com valores decentes, inclusive o seu próprio. Agora, você comanda uma empresa negociada publicamente, então precisa continuar alimentando a fera.

Para usar um exemplo especialmente chocante, em março de 2015 um piloto transtornado direcionou um avião da Germanwings diretamente para uma montanha, matando todas as 150 pessoas a bordo. Pouco mais de um mês depois, um artigo do *New York Times* relatou que em uma das reuniões de acionistas "no momento em que a Lufthansa enfrentava desafios comerciais... muitos acionistas preocupavam-se... que a tragédia da Germanwings poderia distrair a diretoria de seus planos de recuperação." Um gestor de portfólio alegou que a gerência da Lufthansa "precisa voltar para a realidade."[65] O assassinato de 150 pessoas parecia ser uma distração; realidade é retornar à gestão de valor para os acionistas.

Vamos voltar à realidade de nosso empreendedor: Como consequência de sua OPI, um sentimento diferente começa a envolver sua empresa, substituindo aquele senso de comunidade. Os analistas de mercado estão analisando, os day traders estão fazendo trading, os tubarões financeiros estão circulando, e os lobos de Wall Street estão exigindo um relatório de desempenho a cada três meses. A cada três meses? Como é possível gerir uma empresa desta forma?!

Será que aquela OPI valeu a pena?

Mas é tarde demais. De qualquer forma, você está conseguindo um crescimento maior, apesar de ser acompanhado de mais pressão. Entretanto, com o tempo você se percebe ficando sem clientes sólidos, e é difícil conseguir clientes novos com ideias antigas, ou novas ideias com este novo valor. E então aparece a pergunta-chave: *Como posso conseguir MAIS quando não existe mais a se conseguir, ao menos não como quando construí esta empresa?*

Destruindo a Empresa   As respostas estão ao seu redor nas experiências de outras empresas de capital aberto:

- Explore os clientes existentes. Preços enganadores são uma ótima ideia: defina preços de modo que os clientes não percebam. Ou cobre excessivamente para oferecer serviços indispensáveis a seus clientes.

- Acabe com a marca. Esta é especialmente popular: venda para novos clientes que não estavam dispostos a pagar pela qualidade da qual você costumava se orgulhar tanto. Ao abrir mão do seu legado, conseguirá MAIS oferecendo menos.

- Se não conseguir aumentar as receitas, certamente poderá reduzir os custos: corte manutenção, corte pesquisa, corte tudo que não é visto — exceto as regalias executivas.

- E não se esqueça de apertar os funcionários com contratos de curto prazo e salários baixos, sem benefícios. Melhor ainda, demita todos e produza no exterior.

E quando tudo isso falhar, diversifique. Entre em diversos negócios novos que você não conhece. E daí? Você é grande agora, com bastante dinheiro para esbanjar.

Destruindo a Sociedade Agora, sua empresa se tornou uma corporação global, sem obrigações com nenhum país, muito menos com o seu, onde já nem paga tantos impostos assim. Então, por que não ir fundo, por assim dizer? Sair-se bem fazendo o mal:

- Conspire com seus concorrentes para criar um cartel ou, ainda melhor, compre-os de uma vez — em nome da concorrência.

- E, em nome da livre iniciativa, faça lobby com governos pelo mundo para que concedam subsídios para seu setor e livre-se daquelas regulamentações aborrecidas.

- Se você acabar falindo, o que pode acontecer com empresas que exploram, não tema: você se tornou "muito grande para falir". Graças aos subornos (chamados de doações políticas), o governo que você traiu pagará sua fiança, desviando os custos de seu fracasso para a sociedade em geral. Economistas que defendem essa baboseira chamam isso de "externalidade".

Destruindo a Si Mesmo   Então, um dia você acorda e percebe que também se tornou uma vítima: eu poderia ser responsável por tudo isso ao fazer a OPI? Eu amava minha empresa. Me divertia muito servindo aos clientes pelos quais tanto batalhei. Me orgulhava de nosso prédio, nossos produtos, nosso pessoal. Hoje, os clientes me enviam e-mails antipáticos, e os funcionários me fulminam com o olhar quando os encontro (o que é raro). Por que construí uma empresa interessante para simplesmente descartar seu engajamento? Costumávamos ser descobridores fantásticos; hoje somos exploradores desagradáveis. Abri mão de meu legado por uma fortuna que não sou capaz de gastar.

Imagine um país cheio de tais empresas, que dirá um planeta repleto delas. Estamos chegando lá. Por meio do esgotamento dos recursos que poderiam ser reciclados para construir novas empresas vibrantes, elas estão distorcendo nossas economias, debilitando nossas sociedades e diminuindo nossas comunidades. Ao jogar os países uns contra os outros, elas também enfraquecem nossas democracias. E por seu incentivo contínuo à produção e ao consumo, elas também estão danificando nosso planeta. Nem todas as empresas fazem isto — só a grande maioria. Quanto MAIS conseguiremos aguentar?[66]

Empresas unidimensionais, como pessoas unidimensionais, são patológicas. São uma espécie invasiva que não tem vez em uma sociedade saudável. Edward Abbey explicou melhor em 1978: "O crescimento apenas pelo crescimento é a ideologia da célula cancerígena."[67]

Melhorando

Volte àquela decisão fatídica sobre a OPI. Você foi um líder na construção de sua empresa. Por que você se tornou um seguidor com mais uma OPI? Você precisava mesmo se ligar ao mercenário mercado de ações?

Existem jeitos melhores de financiar uma empresa em crescimento, por exemplo:

- Encontre capital paciente e decente que lhe permita crescer de forma responsável e sustentável.

- Faça uma OPI, mas mantenha os analistas afastados emitindo dois tipos de ações, como o grupo TATA fez na Índia e muitas grandes corporações na Dinamarca, onde fundações controlam a maioria das ações com poder de voto.

- Que tal converter-se ao status de Corporação B (ou Benefício), com o compromisso de repeitar as necessidades sociais e ambientais em conjunto com as financeiras?

E para empresas novas:

- Se você não precisa de grandes investimentos, pense em recorrer a financiamentos por meio de empréstimos e lucros acumulados. Afinal, a aplicação de recursos não monetários é o verdadeiro investimento em empresas realmente empreendedoras.

- Que tal estabelecer a empresa como uma cooperativa, onde cada cliente ou fornecedor (como em cooperativas agrícolas) ou trabalhador (como na Mondragon Federation, na Espanha, desde 1955, hoje com 72 mil pessoas), possui uma ação da empresa?

- Ou entregue a empresa para seus funcionários — sabe, aquelas pessoas que realmente se importam com o lugar, ao contrário dos day traders que supostamente a possuem. É muito melhor do que destruir o legado que você construiu com tanto cuidado. A John Lewis Partnership, do Reino Unido, fez isto em 1950 e continuou sendo bem-sucedida, com seus 84 mil "sócios" no concorrido setor de lojas de departamento e supermercados.

- Imagine criar um empreendimento social — uma empresa que não seja de ninguém. Olhe em volta; existem muitas. Minha cara metade é agente de locação em um prédio com 250 apartamentos para pessoas acima dos 50 anos. É uma organização sem fins lucrativos, e a disposição é sempre diferente! Inclusive muitas ONGs estabelecidas estão aderindo: afinal, a Cruz Vermelha vende aulas de natação.

Melhor É Melhor Os economistas insistem que MAIS é o modo de avançar. Não, é o modo de retroceder, tanto econômica quanto socialmente. Não precisamos destruir nossa descendência e nosso planeta em nome de um dogma sem sentido. Claro que precisamos de desenvolvimento e emprego — mas desenvolvimento responsável com emprego robusto. Uma sociedade saudável é sustentada por uma economia decente e diversificada, e não por uma orientada pela força mercenária do crescimento unidimensional. Os mercados de ações já causaram danos suficientes.

Existem pessoas pobres no mundo todo que precisam de mais: mais comida, mais moradia, mais emprego, mais segurança. O que elas não precisam é do MAIS que está afundando o chamado mundo desenvolvido.

Então, vamos mudar nossas economias de MAIS para *melhor* — qualidade acima de quantidade — vamos nos elevar em vez de nos afundar. Podemos investir nossos esforços em produtos duráveis, alimentos saudáveis, serviços personalizados e educação robusta. Em vez de reduzir o emprego, uma mudança para melhor pode aumentá-lo, trazendo empregos com salários melhores em organizações mais saudáveis. Quando trabalhamos melhor, nos sentimos melhor, então vivemos melhor. Imagine um mundo que fica melhor em vez de pegar MAIS.

Seja Bom: O Melhor É Um Padrão Muito Baixo

Em 1997, Stuart Crainer me encontrou no Aeroporto Heathrow quando cheguei de Montreal em um voo noturno. Ele me entrevistou para um livro que estava escrevendo com Des Dearlove sobre gurus da gestão.

Esse negócio de guru deve ser bastante competitivo, sugeriu Stuart. "Nem um pouco", respondi. "Nunca notei nenhuma concorrência." E então desabafei o seguinte em meio ao torpor do jet-lag (palavras das quais me lembro nitidamente): "Jamais tentei ser o melhor. É um padrão muito baixo. Minha meta é ser bom."

A intenção não era parecer arrogante: Eu não estava alegando ser melhor que o melhor, apenas alheio à disputa para ser o melhor. Eu quis dizer que o melhor trabalho é feito por pessoas que competem *consigo mesmas*, mais do que com qualquer outra pessoa. Elas dão o *seu* melhor.

Afinal, como alguém é capaz de identificar "o melhor"? Tchaikovsky era melhor que Beethoven? Édith Piaf era a melhor? Talvez, mas ela era sempre boa! De fato, ela era incomparável e, portanto, não corria o risco de ser rotulada como a melhor. Michael Porter escreveu exaustivamente sobre como ser competitivo nos negócios. Com quem ele estava competindo quando escreveu seu livro histórico *Estratégia Competitiva*?

Minha história favorita a respeito disso vem de Sylvie Bernier, que ganhou a medalha de ouro de mergulho nos Jogos Olímpicos de 1984. Conheci Sylvie quando ela fez nosso Programa International Masters for Health Leadership. Um dia, perguntei a ela o que realmente diferencia os atletas que ganham estas altas honras.

Histórias para Amanhã 171

Nikki, dando seu melhor.
Foto de Susan Mintzberg

Sylvie me contou uma história surpreendente, não a respeito de outros medalhistas olímpicos, mas apenas sobre sua própria experiência aos 20 anos. Quando chegou às finais, ela bloqueou tudo e todos — seu treinador, seus pais, jornalistas, jornais, rádio e TV — qualquer fonte que pudesse dizer-lhe como ela estava se saindo.

Ao emergir de seu último mergulho, Sylvie não tinha como saber se tinha ganho o ouro ou nada. Talvez seja por isso que ela ganhou o ouro. Sylvie certamente queria ser a melhor — existe apenas uma medalha de ouro para cada evento olímpico —, mas seu modo de chegar lá foi dando *seu* melhor, competindo *consigo mesma*.

Então vamos baixar, não nossos padrões, mas nossa obsessão por sermos os melhores, de modo que possamos ser tão bons quanto possamos ser.

Acorde e Levante!

Coma aqueles ovos — fora do pódio, no chão, no ar.

Organize-se como uma vaca para que pessoas comuns possam ter ideias extraordinárias.

Certifique-se de, eventualmente, ver e fazer antes de pensar — para permitir que suas estratégias cresçam como ervas daninhas no jardim.

Não pode mensurar? Que bom: gerencie! Não tem evidências? Que bom: ganhe experiência!

Cuidado com os conselhos que zunem, OPIs que empobrecem, ISCs que envergonham e analistas que superanalisam. Analisa-te a ti mesmo, pela eficácia e não pela eficiência.

Faça downsizing no seu vocabulário: esqueça o "Topo". Descarte o "Valor do Acionista". Elimine o "Planejamento Estratégico", "Recursos Humanos", "Atendimento ao Cliente", "Transformação" e títulos de "CEO" em hospitais, governos, e outras espécies ameaçadas.

Acima de tudo, dê o seu melhor — em nome da maior felicidade natural.

NOTAS

UM Simplesmente Gerindo

1. Veja meu livro *The Flying Circus: Why We Love to Hate Our Airlines and Airports* [*O Circo Voador: Por Que Amamos Odiar Nossas Companhias Aéreas e Aeroportos*, em tradução livre], 2005; disponível em: http://www.mintzberg.org/sites/default/files/book/flying_circus_whole_book_august_2005.pdf.

2. Veja meu artigo "Covert Leadership: Notes on Managing Professionals", no qual relato a observação de um regente em um ensaio por um dia. *Harvard Business Review,* novembro–dezembro de 1998, https://hbr.org/1998/11/covert-leadership-notes-on-managing-professionals.

3. Peter F. Drucker, *Prática da Administração de Empresas* (Cengage, 2003), 341–342.

4. Sune Carlson, *Executive Behaviour: A Study of the Workload and the Working Methods of Managing Directors* (Stockholm: Strombergs, 1951), 52.

5. Leonard R. Sayles, *Managerial Behavior: Administration in Complex Organizations* (Nova York: McGraw-Hill, 1964), 162.

6. A internet está cheia de vídeos sobre regentes como líderes. Veja a TED Talk com Itay Talgam (21 de outubro de 2009), que creio ser a que melhor capta ambos os lados desta questão: https://www.youtube.com/watch?v=Wn1fV47NaWY.

7. Warren Bennis, *A Formação do Líder;* e Abraham Zaleznik, "Managers and Leaders: Are They Different?", *Harvard Business Review,* janeiro de 2004, https://hbr.org/2004/01/managers-and-leaders-are-they-different.

8. Mie Augier, "James March on Education, Leadership, and Don Quixote: Introduction and Interview", *Academy of Management Learning & Education* 3, n. 2 (2017): 173. doi: 10.5465/amle.2004.13500521.

9. Veja o capítulo 6 de meu livro *Simply Managing: What Managers Do – and Can Do Better* (São Francisco: Berrett-Koehler, 2013).

10. Veja o capítulo 3 de dois de meus livros *The Nature of Managerial Work* (Nova York: Harper Collins, 1973) e *Simply Managing*.

11. Terry Connolly, "On Taking Action Seriously" no livro de Gerardo R. Ungson, ed., *Decision-Making: An Interdisciplinary Inquiry* (Boston: Kent, 1982), 45.

12. Para saber mais a respeito disto e de tópicos relacionados, veja o livro de Henry Mintzberg, Bruce Ahlstrand e Joseph Lampel, *Management: Não é o Que Você Pensa*.

13. Veja meu artigo de julho-agosto de 1987, "Crafting Strategy", em https://hbr.org/1987/07/crafting-strategy. Para mais, veja *Tracking Strategies: Toward a General Theory* (Nova York: Oxford University Press, 2007), *Strategy Bites Back* (Harlow, RU: Pearson, 2005) e *Safári de Estratégia: Um Roteiro pela Selva do Planejamento* (Nova York: Prentice-Hall, 2009; também Free Press, 1998).

DOIS Simplesmente Organizando

14. Usei a palavra *comuniderança* pela primeira vez no artigo "Communityship Is the Answer" no *Financial Times*, 23 de outubro de 2006; veja também meu artigo "Rebuilding Companies as Communities" na *Harvard Business Review*, julho-agosto de 2009, https://hbr.org/2009/07/rebuilding-companies-as-communities.

15. Para ver mais fotos desta coleção de castores, visite *www.mintzberg.org/beaver*.

16. "O volume atual de pesquisas sobre a internet indica que ela não causou um crescimento generalizado de novos relacionamentos"; as pessoas se comunicam principalmente com outras que já conhecem, e, quando conhecem pessoas online, os relacionamentos que se seguem "tendem a migrar para o offline" (D. D. Barney, "The Vanishing Table, or Community in a World That Is No World," e *Community in the Digital Age: Philosophy and Practice* [Lanham, MD: Rowman and Litttlefield, 2006], citando Boase e Wellman).

17. Thomas L. Friedman, "Facebook Meets Brick-and-Mortar Politics," *The New York Times*, 9 de junho de 2012, https://www.nytimes.

com/2012/06/10/opinion/sunday/friedman-facebook-meets-brick-and--mortar-politics.html.

18. Casos da Harvard Business School "exageram o papel de líderes individuais: 62% dos casos trazem gestores heroicos agindo sozinhos", segundo um estudo interno da HBS. (Andrew Hill, "Harvard and Its Business School Acolytes Are Due a Rethink", *Financial Times*, 7 de maio de 2017, https://www.ft.com/content/104359b4-3166-11e7-9555-23ef563ecf9a.)

19. John P. Kotter, "Leading Change: Why Transformation Efforts Fail", *Harvard Business Review,* março–abril de 1995; reimpresso em janeiro de 2007; a tabela e a citação são da última versão.

20. "1956: Designing Furniture for Flat Packs and Self-Assembly", Ikea.com, acessado em 31 de julho de 2018, https://www.ikea.com/ms/fr_MA/about_ikea/the_ikea_way/history/1940_1950.html.

21. No último parágrafo do artigo de Kotter, o autor apontou que "na realidade, até mesmo os esforços de mudança bem-sucedidos são confusos e cheios de surpresas". Esta frase deveria estar no primeiro parágrafo, onde poderia ter mudado muitos dos parágrafos seguintes.

22. Regina E. Herzlinger, "Why Innovation in Health Care Is So Hard", *Harvard Business Review,* maio de 2006, https://hbr.org/2006/05/why-innovation-in-health-care-is-so-hard.

23. Harry Braverman, *Labor and Monopoly Capital: The Degradation of Work in the Twentieth Century* (Nova York: Monthly Review Press, 1974), 87.

24. Veja a parte II de meu livro *Mintzberg on Management [Mintzberg Sobre a Gestão]* (Nova York: Free Press, 1989). O livro original, *Estrutura e Dinâmica das Organizações,* e a versão reduzida, *Criando Organizações Eficazes,* estão disponíveis em muitas línguas, não somente inglês. Estou trabalhando na revisão deste livro, com o título *Understanding Organizations... Finally [Entendendo as Organizações… Finalmente].*

TRÊS Analisando a Análise

25. Robert S. Kaplan e Michael E. Porter, "The Big Idea: How to Solve the Cost Crisis in Health Care", *Harvard Business Review,* setembro de 2011, https://hbr.org/2011/09/how-to-solve-the-cost-crisis-in-health-care.

26. Alfred North Whitehead, *Science and the Modern World* (Cambridge: Cambridge University Press, 1925).

27. Veja meu artigo "Beyond Implementation: An Analysis of the Resistance to Policy Analysis" em K. Brian Haley (ed.), *Operational Research 1978:*

International Conference Proceedings (Amsterdã: Elsevier, 1979), 106–162; uma versão mais curta apareceu na *INFOR* de maio de 1980.

28. Herbert A. Simon, *Administrative Behavior: A Study of Decision-Making Processes in Administrative Organization* (*Comportamento Administrativo: um Estudo de Processos de Tomada de Decisão na Organização Administrativa*), 2. ed. (Nova York: Macmillan, 1957), 14.

29. Veja meu artigo "A Note on That Dirty Word 'Efficiency'", *Interfaces* 12, n. 5 (1982), 101–105, https://doi.org/10.1287/inte.12.5.101.

30. Do livro de Abraham Kaplan, *A Conduta na Pesquisa*.

31. Atribuído a Josiah Stamp, 1929, citado no artigo de Michael D. Maltz, *Bridging Gaps in Police Crime Data: A Discussion Paper from the BJS Fellows Program* (Washington, DC: Bureau of Justice Statistics, 1999), 3, https://www.bjs.gov/content/pub/pdf/bgpcd.pdf.

32. Em seu relato sobre "estatística e planejamento" no British Air Ministry durante a Segunda Guerra Mundial (*Planning in Practice: Essays in Aircraft Planning in War-time* [Cambridge: Cambridge University Press, 1950]), Ely Devons escreveu que a coleta de tais dados foi extremamente difícil e sutil, exigindo "um alto grau de habilidade", porém foi "tratada... como um trabalho inferior, degradante e rotineiro no qual os escriturários mais ineficientes poderiam ser empregados" (134). Ocorreram erros de todos os tipos nos dados, inclusive tratar os meses como normais apesar de todos terem algum tipo de feriado. "Os números costumavam ser um modo útil de resumir o julgamento e a suposição" (155). Às vezes, eles eram desenvolvidos por meio de "barganhas estatísticas", mas "uma vez que um número era repassado... ninguém era capaz de argumentar de forma racional a fim de demonstrar que estava errado" (155). "E, uma vez que os números fossem chamados de 'estatísticas', adquiriam a autoridade e a santidade de uma Escritura Sagrada" (155).

33. Veja meu livro *Managing the Myths of Health Care: Bridging the Separations between Care, Cure, Control, and Community* (São Francisco: Berrett-Koehler, 2017).

34. Robert F. Kennedy, "Remarks at the University of Kansas" (discurso, Lawrence, KS, 18 de março de 1968), http://www.jfklibrary.org/Research/Research-Aids/Ready-Reference/RFK-Speeches/Remarks-of-Robert-F-Kennedy-at-the-University-of-Kansas-March-18-1968.aspx.

35. Seth Mydans, "Recalculating Happiness in a Himalayan Kingdom," *The New York Times*, 6 de maio de 2009, http://www.nytimes.com/2009/05/07/world/asia/07bhutan.html.

36. "2010 Survey Results: Results of the Second Nationwide 2010 Survey on Gross National Happiness", acessado em 4 de agosto de 2018, http://www.grossnationalhappiness.com/survey-results/index.

37. "ACM: Cultural Marxism: The Highest Stage of RW Brakin' 2 Eclectic Bugaboo", *Daily Kos*, 22 de março de 2015, https://www.dailykos.com/stories/2015/3/22/1366643/-Anti-Capitalist-Meetup-Cultural-Marxism-the-highest-stage-of-RW-brakin-2-eclectic-bugaboo.

38. "Bhutan's 'Gross National Happiness' Masks Problems, Says New Prime Minister," *Telegraph,* 2 de agosto de 2013, https://www.telegraph.co.uk/news/worldnews/asia/bhutan/10217936/Bhutans-gross-national-happiness-masks-problems-says-new-prime-minister.html.

39. Gardiner Harris, "Index of Happiness? Bhutan's New Leader Prefers More Concrete Goals", *The New York Times,* 4 de outubro de 2013, https://www.nytimes.com/2013/10/05/world/asia/index-of-happiness-bhutans-new-leader-prefers-more-concrete-goals.html.

40. "Bhutan's 'Gross National Happiness' Masks Problems."

41. F. Scott Fitzgerald, "Part I: The Crack-Up", *Esquire,* fevereiro de 1936 (reimpresso em 7 de março de 2017), https://www.esquire.com/lifestyle/a4310/the-crack-up.

Quatro Desenvolvendo Gestores

42. David W. Ewing, *Inside the Harvard Business School,* citando Howard Stevenson (Nova York, Times Books, 1990), 273.

43. Francis J. Kelly e Heather Mayfield Kelly, *O Que Realmente Se Ensina na Escola de Administração de Harvard.*

44. David W. Ewing, *Inside the Harvard Business School* (Nova York: Crown, 1990).

45. Michael Kinsley, "A Business Soap Opera", *Fortune,* 25 de junho de 1984.

46. Brian O'Reilly, "Agee in Exile", *Fortune,* 29 de maio de 1995, http://archive.fortune.com/magazines/fortune/fortune_archive/1995/05/29/203144/index.htm.

47. Veja meu artigo com Joseph Lampel "Do MBAs Make Better CEOs? Sorry, Dubya, It Ain't Necessarily So", *Fortune,* 19 de fevereiro de 2001; e meu livro *MBA? Não Obrigado,* 111–119.

48. Danny Miller e Xiaowei Xu, "A Fleeting Glory: Self-Serving Behavior among Celebrated MBA CEOs", *Journal of Management Inquiry* 25, n. 3 (2015): 286-300.

49. Danny Miller em uma entrevista. Veja Nicole Torres, "MBAs Are More Self-Serving Than Other CEOs", *Harvard Business Review*, dezembro de 2016.

50. Danny Miller e Xiaowei Xu, "MBA CEOs, Short-Term Management and Performance", *Journal of Business Ethics* (2 de fevereiro de 2017).

51. Atribuído a Henry Ford, Albert Einstein e Mark Twain. Einstein, na verdade, colocou da seguinte forma: "Loucura é fazer sempre a mesma coisa e esperar resultados diferentes."

52. O International Masters Program for Managers (impm.org) é para empresas; depois criamos um programa semelhante para cuidados médicos: International Masters for Health Leadership (imhl.org).

53. "Este é o melhor livro de gestão que já li", disse a formanda da IMPM, Silke Lehnhardt, a seus colegas na Lufthansa que estavam prestes a começar o programa. Ela estava segurando seu Insight Book, que é entregue a todos em branco, no início do programa. Todos os dias começam com reflexões matutinas, primeiro sozinhos enquanto todos registram pensamentos a respeito de seu aprendizado, sua gestão e sua vida no livro. Então, eles compartilham seus insights com os colegas ao redor de uma mesa, e depois acontece um debate em um grande círculo sobre os mais interessantes. O melhor livro de gestão de um gestor não deveria ser aquele que ele escreveu para si mesmo?

54. Veja os capítulos 1-6 de meu livro *MBA? Não Obrigado*; e também os artigos "Looking Forward to Development", *Training and Development*, 13 de fevereiro de 2011, disponível em https://www.td.org/magazines/td-magazine/looking-forward-to-development; "From Management Development to Organization Development with IMPact", *OD Practitioner* 43, n. 3 (2011), disponível em http://www.mintzberg.org/sites/default/files/article/download/odpractitionerv43no3.pdf; e Jonathan Gosling e Henry Mintzberg, "The Five Minds of a Manager", *Harvard Business Review*, novembro de 2003, https://hbr.org/2003/11/the-five-minds-of-a-manager.

55. D. D. Guttenplan relatou sua experiência no artigo "The Anti-MBA", *The New York Times*, 20 de maio de 2012, https://www.nytimes.com/2012/05/21/world/europe/21iht-educlede21.html.

56. Essa história foi escrita em parceria com Jonathan Gosling.

CINCO Gerindo em Contexto

57. Veja o artigo de David G. Moore e Orvis F. Collins, *The Organization Makers* (Nova York: Appleton-Century-Crofts, 1970); a edição de 1964 de Appleton foi publicada com o título *The Enterprising Man*.

58. T. S. Eliot, "Little Gidding", http://www.columbia.edu/itc/history/winter/w3206/edit/tseliotlittlegidding.html.

59. Veja meu livro *Managing the Myths of Health Care: Bridging the Separations between Care, Cure, Control, and Community* (São Francisco: Berrett-Koehler, 2017).

60. Veja meu artigo "Managing Government, Governing Management", *Harvard Business Review,* maio–junho de 1996, https://hbr.org/1996/05/managing-government-governing-management; veja também Jacques Bourgault, *Managing Publicly: Monographs of Canadian Public Administration*, n. 25 (Toronto: Institute of Public Administration of Canada, 2000).

SEIS Gerindo Responsavelmente

61. David Kocieniewski, "A Shuffle of Aluminum, but to Banks, Pure Gold", *The New York Times,* 20 de julho de 2013, https://www.nytimes.com/2013/07/21/business/a-shuffle-of-aluminum-but-to-banks-pure-gold.html.

62. Veja meu livro *Renovação Radical: Uma Estratégia Para Restaurar o Equilíbrio e Salvar a Humanidade e o Planeta*.

63. Veja meu artigo "Who Should Control the Corporation?", *California Management Review* 27, n. 1 (1984), http://journals.sagepub.com/doi/10.2307/41165115. Veja também a parte IV de meu livro *Power in and around Organizations* (1983), disponível em http://www.mintzberg.org/books/power-and-around-organizations.

SETE Gerindo Adiante

64. Siang Yong Tan e Yvonne Tatsumura, "Alexander Fleming (1881–1955): Discoverer of Penicillin", *Singapore Medical Journal* 67, no. 7 (2015); doi: 10.11622/smedj.2015105.

65. Nicola Clark, "Germanwings Crash Looms Large at Lufthansa Shareholders Meeting", *The New York Times,* 29 de abril de 2015, https://

www.nytimes.com/2015/04/30/business/german wings-crash-looms--large-at-lufthansa-shareholders-meeting.html.

66. Veja meu livro *Renovação Radical: Uma Estratégia Para Restaurar o Equilíbrio e Salvar a Humanidade e o Planeta*.

67. Edward Abbey, *One Life at a Time, Please* (Nova York: Henry Holt, 1978, 1988), 22.

ÍNDICE

A

Administração, 14
Aldeia
  global, 44
  tradicional, 44
Aprendizado social, 111
Aprendizes sociais, 115
Assessoria amigável, 111
Atendimento ao cliente, 159
Autoridade formal, 41

B

Balanced scorecards, 82
Benefício, 81
  econômico, 81
  social, 81

C

Cadeia de valor, 76
Capitalismo adjetival, 152
Comprometimento da equipe, 43
Comunidade, 44
Comuniderança, 40, 51, 88, 122, 162
Conectividade, 26
Conglomerados internos, 65
Consultores, 32
Consumo excessivo, 152
Continuidade, 49
Criatividade, 157
Cultura aberta, 50
Custo
  de fornecimento, 76
  econômico, 81
  social, 81

D

Dados
  concretos, 83, 86
  não concretos, 83, 86
Desenvolvimento
  gerencial, 117
  organizacional, 117
Desequilíbrio da sociedade, 151
Downsizing, 142, 143, 173

E

Eficácia, 173
Eficiência, 53, 80, 81, 173
  gerencial, 88
  mensurável, 80
EGAA, 109

Empoderar, 43
Empresa
　de comunicação aberta, 50
　familiar, 121, 124
　unidimensional, 167
Engajamento na base, 49, 50
Era digital, 27
Ervas daninhas, 35
Espécies de organizações, 52
　empresa pessoal, 54
　máquina programada, 53
　pioneiro do projeto, 55
　reunião de profissionais, 54
Estimativa de tempo, 76
Estratégia, 32, 51
　acessível, 33
Estrategista principal, 32
Estudos de caso, 91
Evidência X Experiência, 90
Experiência, 110, 117, 127
Externalidade, 166

F

Felicidade Interna Bruta (FIB), 93

G

Gerência, 58
　alta, 58
　central, 58
　de conexão, 58
　operacional, 58
Gerenciar
　continuidade, 28
　mudança, 28
Gestão, 110, 122
　analítica, 110
　ativa, 110
　colaborativa, 110
　engajada, 15
　mundana, 110
　positiva de resultados, 107
　reflexiva, 110
　sem Alma, 20
Gestor, 104, 111
　falho, 16
Globalização, 126

H

Hierarquia vertical, 15

I

Inovação, 55
Insights, 30, 110, 117, 129
Interesse coletivo, 43
Intimidar pessoas, 21
Irresponsabilidade social corporativa, 151

L

Líder, 104
　arrogante, 105
Liderança, 14, 40, 75, 162
　arrogante, 15
　suficiente, 43
Lucro líquido, 84

M

Mapas de processo, 76
Mensuração, 75, 77, 95
Mentalidade mundana, 126, 128
Método
　de estudos de casos, 99
Mito
　do maestro da gestão, 2
Modelo
　de Estufa, 32
　de Kotter, 47
Mundanização, 126

N

Nova Gestão Pública, 132, 134

O

Oferta pública inicial (OPI), 124, 162, 167
Organização, 41

P

Personalidade empreendedora, 123
Planejadores, 32
Plantas convencionais, 35
Produtividade, 145
  destrutiva, 145
  produtiva, 145
Proficiência, 54

R

Rede
  de contatos, 44
  interativa, 15
Reorganizar, 42
Responsabilidade social corporativa, 150
Retorno sobre o investimento, 80
Reviravolta, 157

S

Servir o cliente, 159
Silos X Lajes, 61
Subliderados, 15
Supergerenciados, 15
Supressão de P&D, 107

T

Tecnologias digitais, 24
Tomar decisões, 29
  decidir, 29
  diagnosticar, 29
  fazer, 29
  fazer primeiro, 30
  Pensar primeiro, 29
  planejar, 29
  ver primeiro, 30
Trabalhar como uma vaca, 40
Transformação vinda do topo, 47
Troca gerencial, 112

V

Valor do Acionista, 163
Visão estratégica, 17

Esta obra foi produzida nas
oficinas da Imos Gráfica e Editora na
cidade do Rio de Janeiro